唐诗背后那些有趣的灵魂

乔娟 著

中国人民大学出版社

·北京·

图书在版编目（CIP）数据

唐诗背后那些有趣的灵魂/乔娟著．—北京：中国人民大学出版社，2021.1
ISBN 978-7-300-28727-0

Ⅰ．①唐… Ⅱ．①乔… Ⅲ．①诗人－生平事迹－中国－唐代②唐诗－诗歌欣赏 Ⅳ．①K825.6②I207.227.42

中国版本图书馆CIP数据核字（2020）第208762号

唐诗背后那些有趣的灵魂
乔娟 著
Tangshi Beihou Naxie Youqu de Linghun

出版发行	中国人民大学出版社		
社　　址	北京中关村大街31号	邮政编码	100080
电　　话	010-62511242（总编室）	010-62511770（质管部）	
	010-82501766（邮购部）	010-62514148（门市部）	
	010-62515195（发行公司）	010-62515275（盗版举报）	
网　　址	http://www.crup.com.cn		
经　　销	新华书店		
印　　刷	涿州市星河印刷有限公司		
规　　格	165mm×235mm　16开本	版　次	2021年1月第1版
印　　张	12.25	印　次	2024年5月第5次印刷
字　　数	152 000	定　价	49.00元

版权所有　侵权必究　印装差错　负责调换

序

不一样的烟火，唐诗背后那些有趣的灵魂

　　读唐诗，离不开诗人。读诗人，离不开他们的人生际遇。唐诗是诗人的微博。诗人一高兴就写诗：喝酒、会友、咏物、旅行；一不高兴也写诗：思乡、怀古、闺怨、送别。点点滴滴，大事小情，人间天上，包罗万象。从诗里，可以梳理出时代底色、社会世情，可以窥探出诗人的爱好信仰、梦想追求，也能梳理出诗人命运的跌宕起伏、荣辱浮沉。

　　唐诗背后，隐藏着犀利哥、抑郁帝、老愤青、真勇士……这些有趣的灵魂，提笔就能引起诗坛震动。伴随着诗人们求仕、追梦、隐居的脚步，咆哮体、塞外曲、田园风、仙游范儿纷至沓来。政治、民情、文化和风俗，都在唐诗里留下了深深的印迹，诗人们用饱满的生命力把唐诗雕琢成璀璨的明珠，散发出多元的、立体的、迷人的光彩。

　　唐诗是家国梦、诗酒歌，开阔大气，如刀如剑，金光闪闪！在志向、理想、政治诉求中，唐诗出神入化地劈开重重屏障，向我们展示着那些气势磅礴、波澜壮阔的盛唐气度。昂扬刚健的时代赋予诗人的是勃勃雄心、万丈豪情。没有高铁飞机，连马车都难得，可诗人们动不动就"龙灯花鼓夜，仗剑走天涯"，说走就走的旅行随时都有。

　　唐代的诗人们风风火火地投入生活，轰轰烈烈地追求功名，如火如荼地享受生命。只要手中有笔，唐朝的大事小情就时时在线。他们用所思所感，

续写着诗词文化的传奇，丰富着中华文化的多元。好诗一问世，立刻就会得到潮水般的共鸣。那份绚烂，辉煌至今。

　　唐诗永远都在路上，在脚下。一首首唐诗，就是一个个特立独行的灵魂。李白闻听功名已至，兴奋大叫"仰天大笑出门去，我辈岂是蓬蒿人"；杜甫得知官兵打了胜仗，即刻就要"白日放歌须纵酒，青春作伴好还乡"；王维乐于与自然互动，"竹喧归浣女，莲动下渔舟"；王昌龄亲赴大漠边关，体会到战士保家卫国的决心，"黄沙百战穿金甲，不破楼兰终不还"。在诗人笔下，唐朝是动感的唐朝，是青春的唐朝，也是强大的唐朝。那些又尖锐又有力量的诗都带着强烈的时代烙印。

　　读唐诗，总能与那些有趣的灵魂面对面，与历史的某个情节迎面相遇。虽然那些人已经化尘为烟，可他们说过的话、做过的事、留下的经验、犯过的错误还是值得我们咀嚼思考的。否则，何以解释为什么跨越千年，唐诗依然有直抵人心的力量？能够穿越千年依然打动我们，那种智慧一定出类拔萃！伟大的思想犹如伟大的灵魂。在瞬息万变的时代，温一壶老酒饮唐诗，犹如倾听这些有趣的灵魂的低语，不啻为一种享受。

　　文字属于治愈系。这一点，刘向早就看破：书犹药也，久读，可以医愚。凡有精神困惑，唐诗里有酒有解。

　　读唐诗，品诗人，犹如春风浩荡里遇见青山，遇见秀水。它会让你有力量、有信心，会让你变得有情怀、有温度。

目 录

王 勃　生如夏花之绚烂

诗风昂扬，本是乐观青年 / 3
怒放的才情惊艳京城 / 4
触怒皇帝，被逐出王府 / 6
一念之差，犯案坑爹 / 8
《滕王阁序》，才惊天下 / 10
夜空中最亮的星，骤然陨落 / 13

王昌龄　我是一匹沙漠骆驼

本想边塞当兵，却意外走红诗坛 / 17
努力是对自己最好的褒奖 / 20
旗亭画壁快乐多 / 22
个性有时候会成为牵绊 / 25
龙标开启新生活 / 26
"垃圾人"导致生命之殇 / 29

王 维　佛系青年的诗画官场

朋友圈大V为仕途助力 / 33
看狮子舞惹出大麻烦 / 35
贵人提携重回官场 / 37
与孟浩然相遇山水间 / 40

短暂的大漠之旅 / 41
隐居终南山，将心灵安放 / 44
"安史之乱"的巨大冲击 / 47
一心向佛，终成"诗佛"之名 / 49

李　白　追月逐梦，挥洒盛唐气象

天生一副豪肠，挥洒喜怒哀乐 / 55
世界那么大，到处去看看 / 56
安陆十年的幸福与失意 / 59
有粉丝的旅途真温暖 / 60
广撒网，求职信越多越有希望 / 62
长安的繁华让人看不懂 / 66
辞职是最体面的选择 / 69
洛阳开启史上最动人的邂逅 / 70
站错队，后果很严重 / 73
窘迫的临终岁月 / 75
尽情活在当下才是真风流 / 78

杜　甫　战地记者的日记

归家途中的长安所见 / 83
短暂的官场生涯 / 85
艰难的求生之路 / 88
草屋孕育了一颗博爱之心 / 91
那些色彩缤纷的梦 / 94
在漂泊中告别人世 / 97
来自粉丝的敬意 / 99

薛　涛　靠诗歌赢得官名的奇女子

在泥淖里周旋 / 105

扼住命运的咽喉 / 107
　　与元稹的恩恩怨怨 / 110
　　一个人安静地盛开 / 112

白居易　有志青年缘何成了享乐官员

　　一首小诗打脸文坛大咖 / 117
　　人生若只如初见 / 118
　　因为悲伤，所以同情 / 123
　　贬谪导致性情转变 / 127
　　一曲琵琶弹出千古佳作 / 129
　　把江南装进诗歌里 / 130
　　与君携酒笑红尘 / 133
　　富足一生多姿多彩 / 135

刘禹锡　生活给我痛，我报之以歌

　　一场改革终结了美好前途 / 141
　　把朗州变成创作基地 / 142
　　再被桃花误 / 144
　　一路走来一路歌 / 146
　　《陋室铭》是愤怒的产物吗？/ 148
　　遇到白居易，日子好不惬意 / 150
　　桃花和笔不背锅 / 153
　　宁愿寂寞独行，绝不媚俗合作 / 154

杜　牧　在骨感的现实里努力活得丰满

　　文采一流初及第 / 159
　　不堪回首的过去 / 160
　　收敛心性，又被击倒 / 162
　　一面写诗揭露，一面忙着选美 / 164

3

在党派中间艰难游走 / 166
写诗劝谏，也写诗自娱 / 168
湖州圆梦梦未圆 / 170
满身才华，只能做官场变色龙 / 172

李商隐　苦难成就朦胧诗

黑暗中的那抹暖 / 177
无题诗缘于无法言说的初恋 / 179
党争中陷入尴尬境地 / 181
当命运被操纵 / 182
低情商的殇，伤人伤己 / 184
朦胧诗体原是性格使然 / 186

生如夏花之绚烂

王勃

"出名要趁早,来得太晚,快乐也不那么痛快。"张爱玲这话固然不错,可成名太早带来的后果也是显而易见的：身体走在路上,灵魂却远远地落在后面。因心智和经验导致的严重落差,成名的年轻人在与权力发生碰撞时,稍微处理不好就容易出事。初唐诗人王勃就经历了这样的大开大合。他17岁高调步入官场,仅仅两年就黯然离开。

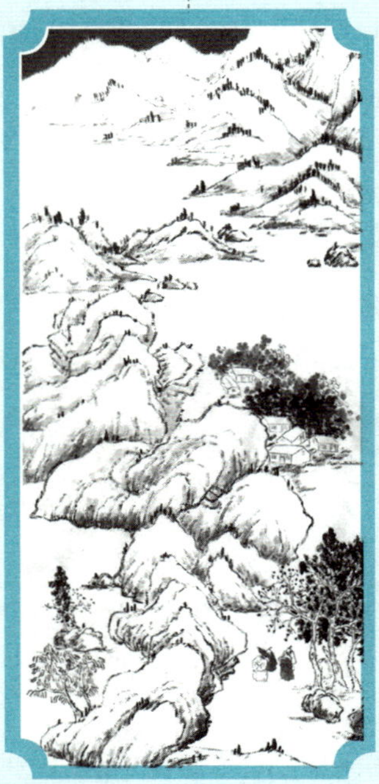

诗风昂扬，本是乐观青年

如果说眼睛是心灵的窗户，文章就是性格的投影。单是分别这件事，就能看出千人千面来。

洒脱者说："劝君更尽一杯酒，西出阳关无故人。"多情者则心心念念："江南春尽离肠断，苹满汀洲人未归。"伤感至深的，会抒发感慨："何处合成愁，离人心上秋。"不轻易表露情绪的，只有对着寂寞山川独自惆怅："寒雨连江夜入吴，平明送客楚山孤。"还有的重情者连梦都不敢做："一壶浊酒尽余欢，今宵别梦寒。"南朝诗人江淹语，所谓"黯然销魂者，唯别而已矣"。凄凉伤感是古代分别的永恒主题。交通所限，一朝分离，再会难期，经常是"浮云一别后，流水十年间"。虽然可以通信，但像那般"驿寄梅花，鱼传尺素"太不靠谱了。仅有的上好驿马都在忙着输送"八百里加急快报"，普通百姓哪能享有快递书信的待遇？可谁的思念经得起岁月雪藏？只有诗才能聊慰思情，好诗一问世，立刻四方追捧，共鸣无数，好像自己的苦闷也得到了释放和宣泄一样。

王勃也经历过分别。他对世人的告别方式很不屑。

千里搭长棚，人生没有不散的筵席，分别是为了更好的相聚，何必弄得一片潮湿？他一扫前人哭哭啼啼、悲悲切切之态，来了个彻底颠覆："城阙辅三秦，风烟望五津。与君离别意，同是宦游人。海内存知己，天涯若比邻。无为在歧路，儿女共沾巾。"你听听：虽然你我相隔千里万里，命运相似，但只要心连心，即使远在天涯，也感觉如做近邻，实在没必要儿女情长、泪湿衣衫。这首《送杜少府之任蜀州》基调刚健昂

扬，意境旷达辽阔，只用40个字，就勾勒出千山万壑、深沉辽远的意境，让人品之不尽、回味无穷，堪称送别诗中的经典。和上面那些诗人"肠断""孤""寒""酒""愁"的分别有所不同，王勃这首分别诗通篇也未写一个字的"忧"和"愁"，给人植入的是乐观与鼓舞，让人心怀憧憬，期待着再相逢的那一天。清代著名诗人袁枚说："凡作诗，写景易，言情难。"王勃这首分别诗饱含真挚豪迈的情感，触动了无数人的心。

言为心声。悲观的人写不出阳光力作。正是因为性格豪爽、人生得意，才不知愁为何物，才能发出这种大气的声音！

王勃初入官场时确如一匹黑马横空出世，惊艳了天下。之后呢？他的人生画风骤变：起起落落，兜兜转转，明亮的主色调出现了渐变色。

怒放的才情惊艳京城

王勃出身儒学世家，祖父王通博学多才，王勃本人更是个地地道道的神童。当寻常孩子还在上蹿下跳、上房揭瓦时，人家小王勃已然是个"老学究"了。

据《唐才子传·王勃传》记载，6岁时，王勃就写出了"构思无滞，词情英迈"这样的金句。据《新唐书·王勃传》记载，王勃9岁时读颜师古注的《汉书》，写出了10卷笔记《指瑕》，来纠正其中的错误。优秀基因散发出来的魅力有时真让人妒忌。

命运最初给王勃的是一手好牌：出身好，才华高，又那么有主见。王勃13岁时就树立了当官的理想，想要开启仕途之门，轰轰烈烈地活出属于自己的天地。他自忖文章写得还不错，就不拼爹拼娘到处找靠山了，而是仗着自身才华披荆斩棘，为自己的人生之路当一回排头兵。闯关之前，

王勃

生如夏花之绚烂

他将《上绛州上官司马书》呈给了当地父母官，算是投石问路。两年后，15岁的王勃又上书大唐宰相刘祥道，除表明心迹，还畅谈了自己对政见时事的看法，博得了刘祥道赞赏，称其为"神童"。如此，他算是与官场中人搭上了线，名声自然传得快。王勃索性趁热打铁，开启了毛遂自荐模式，他通过皇帝红人皇甫常伯，直接向唐高宗献上《乾元殿颂》，对其大唱赞歌，然后热烈地表达了自己想成为大唐官员的愿望。这篇文章奇丽华美，博人眼球。其中的"惟天惟帝，惟帝惟天"之类的话让高宗很受用，连称"奇才，奇才，我大唐奇才！"皇帝的肯定直接提升了王勃的身价，时人将他与杨炯、卢照邻、骆宾王并称为"初唐四杰"。

王勃红了，他的名字成了杰出青年的代表。

王勃又通过李常伯给朝廷献上了《宸游东岳颂》，再获皇帝赏识。有了这几次成功铺垫，加上一顶一的真才实学，在接下来的科考中，王勃一举夺魁，被朝廷授予朝散郎（属于七品官吏），同时也赢得了高宗之子沛王李贤的垂青。经皇甫常伯牵线，他被李贤召为修撰，负责修史，成为皇家的金牌写手。

同龄人都在浑浑噩噩、稀里糊涂过春秋，王勃却已站在人生的制高点，意气风发地俯瞰芸芸众生。虽然官职不大，可别忘了，彼时的王勃还是个毛头小伙儿！17岁的花样年华，是年纪最小的朝廷命官。创纪录的事儿一件又一件，一时这个名字传遍了京城，成为人们茶余饭后久久流传的励志传奇。

高起点需要高配置。尤其在旧官场，做人讲究八面玲珑，处事需要老到圆滑。对突发事件需保持高度敏感性，时时拿捏着分寸感。且不说王勃愿不愿意修这令人讨厌的第一课，当时，年纪轻轻的王勃除了满身才华、一腔热情，思想还很单纯，心智并不成熟，连最基本的掩饰自己都还没有学会，遇事怎么想就怎么来，虽阳光积极，但太缺乏社会经验了。正因为考虑不周，顺利步入官场的王勃，因为一篇没有深浅的马屁文章，过早地

领略到了人际冷暖。

触怒皇帝，被逐出王府

唐朝王公贵族间流行斗鸡游戏。沛王李贤和英王李哲就常常玩得天昏地暗。经常观战的王勃被吸引，带着玩笑心态，写了篇应景之作《檄英王鸡》，为沛王打气助兴。谁料这篇文章被唐高宗看到了，里面那句"两雄不堪并立，见异己者即攻"触到了高宗痛处：这不是挑拨两个皇子相互争斗么？当初为了龙椅，父皇李世民杀兄灭弟，自己的哥哥李承乾和李泰也曾为了皇位斗得你死我活，血淋淋的事实让高宗那敏感的神经极度不安，继而做了一个冷酷的决定。所谓官场波诡云谲就在这里，当权者一句话可以让你飞黄腾达，也可以让你跌入万丈深渊。高宗看了这篇檄文后，不去怪罪儿子们玩物丧志，却认为王勃作为朝廷命官，不对这种陋习加以劝导，反而在后边推波助澜，还写文章赞美，简直是胡闹。无情最是帝王家，邀请你时笑脸相待，驱逐你时翻脸无情。皇帝以王勃倡导歪风邪气为由，将他逐出宫门。

成也文章，败也文章，高调开场的锦绣仕途就这样被一篇文章莫名其妙地终结了。

王勃出身书香门第，父亲是官员，横溢的才华和耀眼的青春，让他收获了周围的一致肯定、皇家的特别赏识，日日沉浸在鲜花和掌声里。当这些光环突然集中闪耀在一个年轻人身上，难免让人心慌意乱，心性不定之下就容易轻狂任性。官场需要的是理性精明的实干家，而非激情四射的莽撞少年。

19岁的王勃站在熙熙攘攘的长安街头，感到了一种成长之痛，前所未有的孤独感将他裹得透不过气。王勃难得地静下心。虽然生活充满了苟且，可将眼光放远，毕竟还有诗和远方。生活越不宠你，越要善待自己。沉沦是王八蛋，认输是狗熊，遇到坎儿就爬起来！打发郁闷的方式千千万万，来个爽快的，还是旅行吧。不为风景，不为某人，只为在未知的途中遇见那个未知的自己。再说，行万里路所长的见识再凝结成文字会来得更深刻，那才是真正有灵魂的文章。

往何处去呢？灵光一闪，他想到了朋友杜少府。分别的情形历历在目，昔日他送走朋友，今日谁又来送他呢？无人相送也罢，一个人的旅行未尝不壮美，就去小杜任职的四川看看吧。

四川官员听说京城红人王勃要来，都激动得忘了摆架子，亲自跑到驿站迎候。这都是王勃那支神笔带来的偶像效应。

在四川，王勃过得还算不错。经历诸多世情世事，他的情感不再像初时那样乐观和激昂，在夜晚的江亭送别朋友，心里更多的是伤感和惆怅："江送巴南水，山横塞北云。津亭秋月夜，谁见泣离群。乱烟笼碧砌，飞月向南端。寂寞离亭掩，江山此夜寒。"长江送走了从巴南而来的流水，山间仿佛嵌入了塞北的云。在这宁静的秋夜，谁看见送别时哭哭啼啼的？凌乱的烟雾笼罩着青绿的台阶，月亮照着江亭南门。人去亭空，遮掩了夜半寒……一个"寒"字，将夜色中的江河高山衬托得分外凄清。人间总逃不了分别，在旅居之地送别朋友，别是一番滋味在心头。

三年过去了，有朋友照拂、粉丝热捧，王勃很快恢复了快乐青年的本性。只是偶尔失眠，梦总是一遍遍飘向长安。不能再蹉跎下去了，伤也疗了，景也看了，可前途还画着问号，该回去了。

窗外一片朦胧，这情境，正适合《寒夜怀友》：

北山烟雾始茫茫，南津霜月正苍苍。
秋深客思纷无已，复值征鸿中夜起。

复合重楼向浦开，秋风明月渡江来。

故人故情怀故宴，相望相思不相见。

他感谢老朋友的殷殷相待，可自己想长安、念长安，想有所作为的念头从来未曾消失。"长江悲已滞，万里念将归。况属高风晚，山山黄叶飞。"写完这首《山中》，他再也不能平复思乡之情，收拾一番，启程上马，舟车劳顿地回到了长安。

一念之差，犯案坑爹

王勃返回长安后，正赶上朝中大将裴行俭和宰相李敬玄共同选拔官员，听说王勃回来，数次召用。这时的王勃思想已经发生了变化，认为以文才受召不是件好事，便作文言志，委婉拒绝。这触怒了裴行俭，讥斥他"才名有之，爵禄盖寡"，说他虽然有些才华，但在官场上还是玩不转。

王勃懂医，听朋友虢州司法陆季友说虢州多药草，便想去那里发展。经陆季友运作，王勃二度进入官场，在虢州当了参谋军务的参军。

不久之后发生的一件事，又把王勃推上了命运的风口浪尖。家奴曹达触犯了法律，他跑到王勃那里求救。王勃护人心切，很冲动地就私自将曹达藏了起来。王勃虽重情，可胆子太小，看到外面到处是缉捕曹达的告示，越想越害怕：包庇朝廷罪犯可是要获连带之罪的。日日忐忑、担惊受怕的王勃错上加错，精神恍惚之际干了件傻事，竟将曹达杀死灭口。王勃政治上不敏感，这件事做得也一错再错。明明保护不了别人，却偏要客串菩萨。做了蠢事又不能很好地信守承诺，而是轻率地把人家给杀了。

东窗事发后，王勃被朝廷判了死罪。就在他对生活万念俱灰、陷入绝望时，命运忽然又来了个大翻转——朝廷大赦，他由死罪改为三年徒刑。大起大落，波峰浪谷的轮番激荡，使王勃对生命有了更深的感悟：光阴、落花，一切是那么匆匆，春光不再，年华易老。他在《落非落》中写道：

落花落，落花纷漠漠。
绿叶青趺映丹萼，与君裴回上金阁。
影拂妆阶玳瑁筵，香飘舞馆茱萸幕。
落花飞，燎乱入中帷。
落花春正满，春人归不归。
落花度，氛氲绕高树。
落花春已繁，春人春不顾。
绮阁青台静且闲，罗袂红巾复往还。
盛年不再得，高枝难重攀。
试复旦游落花里，暮宿落花间。
与君落花院，台上起双鬟。

整首诗都在伤怀青春年华已远去，回首还似在梦中。

虽捡回了一条命，但必要的处罚还是要执行的，王勃的这桩案子直接影响了他父亲王福畴的官运：从雍州司功参军被贬到南荒之外，到偏僻的交趾国（越南）当了小县令。这让做儿子的心里充满了愧疚：真没想坑爹，可自己确确实实地把爹给坑了。

王勃出狱后，朝廷宣布让他恢复旧职。可这场人命官司将王勃吓出了后遗症，官场水太深，座上宾和阶下囚有时仅仅半步之遥，命运就有天壤之别。他再不敢贸然接受官职。劫后余生，他觉得只有时间最公平，只有时间可以把握。短短一年，投身学问的王勃就相继完成了爷爷王通《续书》所缺十六篇的补阙，撰写了《周易发挥》五卷、《唐家千岁历》、《合论》

十篇、《百里昌言》十八篇等，同时还创作了大量诗文作品。收获满满之后，他决定从创作的劳累中走出来，启程去看父亲，顺便也放松一下身心。

斗鸡事件、官奴事件都是官场大事，搁谁身上都很难翻身。王勃的抗挫折力还是很强的，做了决定就不再患得患失、纠结不清。他将所有烦恼剔除，调整心情，踏上了探亲之旅。

就在这次行走中，年纪轻轻的王勃再次才惊天下。而他靠的依然是手中的笔。

《滕王阁序》，才惊天下

……披绣闼，俯雕甍，山原旷其盈视，川泽纡其骇瞩。闾阎扑地，钟鸣鼎食之家；舸舰迷津，青雀黄龙之舳。云销雨霁，彩彻区明。落霞与孤鹜齐飞，秋水共长天一色。渔舟唱晚，响穷彭蠡之滨；雁阵惊寒，声断衡阳之浦……（《滕王阁序》节选）

从文字中可读出作者豪迈的性格。朝气蓬勃的王勃，带我们领略着那种天高云淡、神奇壮美的自然景观，涤荡着我们的胸怀。好文字都能带来这样的美感：天然去雕琢，没有苦思冥想，完全是一种内心情感的自然流露。如李白等人，有着无人堪比的天赋，好像身体深处自带一汪泉眼，汩汩流淌，叹得，惊得，却学不得。这篇文章就有如此境界。

公元675年重阳节，南昌洪州都督（相当于军区司令）阎伯屿刚刚重修了江南三大名阁之首的滕王阁，趁秋高气爽，在鄱阳湖畔举行宴会，邀名流大咖和文艺青年登阁览胜，把酒言欢。名流聚会除了痛饮，总喜欢附庸点风雅。为滕王阁作序就成了这次聚会的主题。

王勃

生如夏花之绚烂

阎都督作为此次文化活动的主持人，早就和女婿孟学士相商妥当，这样绝好的展示才华的机会怎能让外人争先？本着"肥水不流外人田"的宗旨，阎都督当然要把女婿推上前台一展身手，也好为他在上流社会挣足面子，谋得更大的立足平台。当然，官场规则还是要照顾的，一切按计划进行。他吩咐下人将笔墨纸砚发到各人手里。席间，老阎扫了一眼来宾：全是当朝得势人物。他很是满意。忽然，他用眼角余光瞥见一个乳臭未干的黄毛小子，正旁若无人地独自品酒，看着很是碍眼，那正是年轻的王勃。

席间宾客都是心知肚明的明白人，一面说着"小人不才、小人不才"的场面语言，一面装模作样地连连推辞；见推辞不过，只好戏精上身，低头在纸上"运筹帷幄"。王勃拿过递来的笔墨，也不理会什么官场哲学，毫不客气，提笔就写。"初生牛犊不怕虎"大致有两种情形：一种是懵懵懂懂、横冲直撞、无知者无畏那一类的；另一种是腹有珠玑、胸有成竹，也就是达到了智者不惑、勇者不惧的境界。王勃属于后者。只有踌躇满志、对未来有无数设想的青年才俊，才会无所顾虑、没有羁绊、如此潇洒地展示才华！

阎都督看着一点也没有领会意思的王勃，很是不爽：本来出于礼节才接待他，谁知这小子有点自不量力，真把自己当人物。阎都督心说："无知小儿，敢在本都督这里狂妄，待会儿有你好看！"碍于情面，他没有发作，只是让人盯着王勃，看这小子能整出什么花样。

一会儿，下人报告，王勃整出了第一句："豫章故郡，洪都新府。"阎都督嘿嘿冷笑，心说：老生常谈。第二句："星分翼轸（二十八星宿其中两个的名称），地接衡庐（湖南衡山，江西庐山）。"阎都督听了没有言语。待"落霞与孤鹜齐飞，秋水共长天一色"一落笔，但见阎都督"嚯"地站起来，两眼放光，径直朝王勃走过来，像半生未见的老朋友，拉着小王的嫩手："哎呀呀，那啥，老弟，不是，大哥……"他为这等好词儿的诞生激动得有点语无伦次，急忙命人搬来好酒，和王勃称兄道弟，对饮起来……

至此，阎都督对这个做《滕王阁序》的青年才俊佩服得五体投地。他由衷地叹服："此真天才，当垂不朽矣！"《唐才子传》详细记载了文章出炉的过程："勃欣然对客操觚，顷刻而就，文不加点，满座大惊。"

一点都不奇怪阎都督会变脸，判若两人。能将一篇限时命题作文写得这样激情四射，真真是前无古人、后无来者。文章中，诸如"天高地迥，觉宇宙之无穷；兴尽悲来，识盈虚之有数""关山难越，谁悲失路之人；萍水相逢，尽是他乡之客"这样的佳句俯拾皆是，通篇文字大气磅礴、一气呵成！其中，音律、对仗、辞藻、典故无一不奇，无一不妙，简直把汉字的美感发挥到了极致。

围绕这篇文章还发生了一个令人叫绝的插曲。王勃离开后，阎都督手不释卷地欣赏着这篇文章，忽然发现文章的序诗部分少了一个字：

　　滕王高阁临江渚，佩玉鸣鸾罢歌舞。
　　画栋朝飞南浦云，珠帘暮卷西山雨。
　　闲云潭影日悠悠，物换星移几度秋。
　　阁中帝子今何在？槛外长江（　　）自流。

在场者谁也猜不对空的位置究竟是个什么字。阎都督命人快马加鞭追王勃，却仅得"一字千金"的戏语。阎都督立即令人带着千两纹银去见王勃。故作惊讶的王勃这才慢悠悠地说出了答案："空者，空也。阁中帝子今何在？槛外长江空自流"。阎都督拍掌称妙："一字千金，不愧奇才……"

王勃

生如夏花之绚烂

夜空中最亮的星，骤然陨落

公元 676 年，王勃这篇《滕王阁序》"刷爆了朋友圈"，成为人们竞相传阅的美文。唐高宗自然也看到了这篇热文。当读到"落霞与孤鹜齐飞，秋水共长天一色时"，他拍案而起："此乃千古绝唱，真天才也。"他立刻唤来太监，详细打听王勃如今的情况。当看到太监遮遮掩掩的表情，听到那句吞吞吐吐的"王勃南下探亲，渡海溺水，惊悸而亡……"，唐高宗呆呆地跌进龙椅，连叹数声"可惜，可惜"，也许，他在为自己当年的错误决定而懊悔，悔不该将这个天才少年逐出官场。

生如夏花之灿烂，死如秋叶之静美。如此才华横溢的生命定格在 27 岁，虽璀璨耀眼，但那份短暂怎能不让人唏嘘。

王勃以年少多才而名冠"初唐四杰"之首，可见他是出类拔萃的。其文学成就可以说是代表了整个初唐。初唐时期的诗歌深受南北朝影响，很多诗人的创作都拘于形式，以华丽辞藻和生硬空洞的内容见长。王勃打破了这种陈规，其作品在保留华丽的同时，还充满了一种高远的意境，壮阔明朗，慷慨激昂，有很强的时代感。

王勃因恃才傲物、不通人情世故而遭同僚嫉妒。有种说法，曹达一案是王勃的同事和政敌们一手陷害导致的。这件事真假先不说，王勃在为人上的缺陷是显而易见的。他初入官场写的那篇《檄英王鸡》就是一例。他的本意其实就是为沛王打气，根本没想那么多。文章最容易惹祸，史上因文获罪的才子不胜枚举。孟子在《孟子·尽心下》中曾评价过盆成括这个人："其为人也小有才，未闻君子之大道也，则足以杀其躯而已矣。"君子应戒掉小聪明而修炼大家风度，也就是行"君子之大道"。王勃的情形和盆成

括有一点相似。他太没社会经验,又太显摆。

　　成功如果不经历打拼吃苦、煎熬磨砺的过程,来得太早太快太顺利未必是好事。王勃少年才高,受尽宠爱,很早就收获了名声。官场初亮相的时候,他也是以异军突起的姿态博得了满堂彩,这对于他的性格养成并无益处。没受过苦、没吃过亏,也未领略过人性的复杂阴暗,在做决定时难免意气用事,完全凭心情而不是凭经验或者智慧定夺。加之缺乏历练,政治敏感性不强,所以在朝中人缘不佳。时人虽喜爱其才华,但朝中同事对他并不亲近,主要是太愣。官场中人的互相喜欢一是建立在利益之上,二是建立在懂得和心有灵犀之上。年轻的王勃长于作文而不长于做人,他的官场失意不是由立场、理想跟国家利益需要相左造成的,完全是缺乏做人经验导致的。

　　身在滚滚红尘俗世中,光有才华是不够的,你必须还要修来一副刀枪不入、能够保护自己的铠甲!才华是把双刃剑,带来辉煌也带来毁灭。要想在不太清明友好的环境中屹立不倒,就需要才华之外的东西来支撑。

　　世事难料,意外总是不请自来。如果在不谙世事的时候所遇皆良人,允许他慢慢地成长成熟,也许王勃的悲剧命运就会逆转。依他的才华,如果活得稍微长一些,唐朝诗坛那些大佬们的排序名次也许还要靠后一些吧!

我是一匹沙漠骆驼

王昌龄

王昌龄出生于山西太原一个贫苦人家，早年的职业是农民。他不甘心被一成不变的生活所束缚，深入边塞，笔耕不辍，奠定了其边塞诗人的地位；又通过自己的努力，科举入仕，践行了『知识改变命运，学习成就未来』这个真理。

没有任何背景靠山，就凭着不服输和刻苦的精神，他为自己赢得了『诗家夫子王江宁』『七绝圣手』的美誉，实现了了不起的人生跨越。

王昌龄
我是一匹沙漠骆驼

本想边塞当兵，却意外走红诗坛

日日在地里劳作的王昌龄经常心生不甘：鸟儿尚且能自由来去，见识大千世界的风采，难道自己就任由日子这么苟且下去吗？一生那么长，天地那么大，不看看外面的风景，没有点经历，连做梦都是一片苍白！再也不能做行尸走肉了。可是拿什么奉献给远方？这个按部就班的农民，猛然间被某种意识深处的东西唤醒了。只有走出目前的生活，只有诗，才能通向未来。

23岁的王昌龄把锄头一扔，跑到嵩山道观去思考人生了。

修道和当农民有一点是相通的，都是循规蹈矩，一成不变。只不过从前是用身体应付生活，现在则是用心灵应付生活。

三年过去了，王昌龄虽身穿道袍，口诵圣号，满脑子想的却都是诗。他日日做的功课不是《道德经》，而是诗歌入门、诗歌宝典之类。他再也忍受不了这种身心分裂的生活了，听说长安人才济济，诗歌大行其道，说不定会碰上什么机遇，让自己能一脚踏上诗坛。他不再犹豫，脱下道服到了长安。

作为当时的国际大都市，长安城内百业兴旺，流光溢彩。各种肤色的人们汇聚于此，寻找谋生机会，也享受现世繁华。这是一座开放包容、时尚先进的都市，是你想来便来的地方，但绝不是你想混好就能混好的地方。混了一段时间后，王昌龄的生活仍然和种地修道时一样，连意外都不曾光顾。能发生什么呢？没名没钱没人脉，所期待的一切都集中在夜半时分那短短的梦境中。醒来时双眼迷离，两手空空。

生命在于折腾，越折腾越有机会。干脆穷游吧。哪怕受冷眼，也总比在越努力越失望的怪圈中品尝郁闷好太多。

走了几天后，陆陆续续接触的人和事使他又有了新的方向。当时，边塞战事不断，大唐在对外战争中屡屡取胜，全天下都呈现出斗志昂扬的盛唐之风，冲击着每一个渴望建功立业的年轻人的心。在这种氛围的感染下，王昌龄倾尽所有买来一匹马，纵马挥鞭，参军去了。

科举要有人举荐，从军也讲究来历、靠山。他一个来自小地方、毫无来头背景的小人物，没有任何一位将军的幕府肯展现信任和伯乐情怀、接纳收留他。王昌龄四处投军而不得。一条咸鱼如果没有海浪和风的联合力推，是找不到任何翻身机会的。王昌龄只能得过且过，四处游荡。他像一匹沙漠骆驼，顶着太阳，忍着干渴，到过荒凉的河西走廊、玉门关外，也到过遥远的中亚的碎叶城。对于一个怀揣文学梦想的热血青年，漫无目的地游走绝对能给文采增加含金量。

王昌龄把从军路上的所见所思所想全都落诸笔下。功业虽遥遥无期，七绝和五绝却首首叫响。他创作的系列边塞组诗，随便拿出哪一首，都是佳作。

从军行七首

其一：烽火城西百尺楼，黄昏独坐海风秋。更吹羌笛关山月，无那金闺万里愁。

其二：琵琶起舞换新声，总是关山旧别情。撩乱边愁听不尽，高高秋月照长城。

其四：青海长云暗雪山，孤城遥望玉门关。黄沙百战穿金甲，不破楼兰终不还。

其五：大漠风尘日色昏，红旗半卷出辕门。前军夜战洮河北，已报生擒吐谷浑。

其六：胡瓶落膊紫薄汗，碎叶城西秋月团。明敕星驰封宝剑，辞君一夜取楼兰。

其七：玉门山嶂几千重，山北山南总是烽。人依远戍须看火，马踏深山不见踪。

这些组诗深情悲壮，气势豪迈，通过描述守边将士的日常生活，反映了盛唐君主锐意开疆拓土的雄大气魄。

塞下曲四首

其一：蝉鸣空桑林，八月萧关道。出塞入塞寒，处处黄芦草。从来幽并客，皆向沙场老。莫学游侠儿，矜夸紫骝好。

其二：饮马渡秋水，水寒风似刀。平沙日未没，黯黯见临洮。昔日长城战，咸言意气高。黄尘足今古，白骨乱蓬蒿。

其三：奉诏甘泉宫，总征天下兵。朝廷备礼出，郡国豫郊迎。纷纷几万人，去者无全生。臣愿节宫厩，分以赐边城。

其四：边头何惨惨，已葬霍将军。部曲皆相吊，燕南代北闻。功勋多被黜，兵马亦寻分。更遣黄龙戍，唯当哭塞云。

还有雄壮豪迈的《出塞二首》。

出塞二首

其一：秦时明月汉时关，万里长征人未还。但使龙城飞将在，不教胡马度阴山。

其二：骝马新跨白玉鞍，战罢沙场月色寒。城头铁鼓声犹振，匣里金刀血未干。

王昌龄本想参军,谁想歪打正着,军人梦落空,文学梦却成了真。

人有时就要敢于挑战自己,走向陌生和未知,在酷暑严寒中迎着风雨执着寻梦!边塞之行为王昌龄带来了源源不断的灵感,经典金句比比皆是。任何时候,体验生活对一个真正想搞创作的人来讲都是一条捷径。一系列边塞诗的出炉,无不是亲历亲见后的琢磨沉淀。正因有深入军营,实地采访,与老兵同吃同睡、攀谈交心,掌握大量第一手资料的经历,才能成竹在胸,下笔如神。边塞组诗接连问世时,王昌龄还不到30岁。

一颗诗坛新星正冉冉升起。伴随着声名鹊起,他开始在逐梦之路上领略风景了。

努力是对自己最好的褒奖

王昌龄写诗写出了名堂后,没有沾沾自喜,而是又跑到京兆府蓝田县石门谷隐居,以求在创作上更加精进。

从容的时间会让思想变得深刻。他在《同从弟南斋玩月忆山阴崔少府》中写道:

高卧南斋时,开帷月初吐。
清辉澹水木,演漾在窗户。
冉冉几盈虚,澄澄变今古。
美人清江畔,是夜越吟苦。
千里共如何,微风吹兰杜。

月亮圆缺不定,亘古未变,可人生却变幻无常。此时此刻,老朋友崔少府也在吟诗吧。虽相隔千里，同赏一月，可清雅的兰花香能吹到朋友那里去吗？他知道我在思念他吗？淡淡的思念中，他又想到了前途，不能一辈子都默默无闻屈从于命运。虽然现在有了点诗名，可晃悠了这么长时间依然没有工作，没有前途。王昌龄思绪纷飞……如果要更好地写诗，那就要走仕途这条路。只有当上了官，才有条件更好地写诗，接触更多的诗人，使诗更好地传播，过自己想要的生活。

经过几年的刻苦攻读和充分准备，公元727年，30岁的王昌龄走进了考场，一举进士及第。朝廷任命他为秘书省校书郎，相当于国家图书馆校对员。有了工作，各项生活都有了基本保障，人就会变得更放松自然。环境对创作者的影响是巨大的。因为工作原因，王昌龄每天都能接触到大量宫女。这些可怜的女性一入宫门深似海，什么故乡、亲人，都被高墙永久隔绝。得到皇帝垂怜还好，但大多数人都是数着日子过，直至默默死去。她们的悲惨遭遇引起了诗人深深的同情，他一改苍凉高远的边塞之风，取而代之的是细腻哀婉的愁怨。他对失意女子的生活做了详细记录，宫怨诗、闺怨诗应运而生。

西宫春怨

西宫夜静百花香，欲卷珠帘春恨长。

斜抱云和深见月，朦胧树色隐昭阳。

长信秋词五首·其一

金井梧桐秋叶黄，珠帘不卷夜来霜。

熏笼玉枕无颜色，卧听南宫清漏长。

王昌龄从不同角度描写了宫女嫔妃们的生活，也道出空守深闺女子的相思之苦。

闺怨

闺中少妇不知愁，春日凝妆上翠楼。

忽见陌头杨柳色，悔教夫婿觅封侯。

  人往高处走。王昌龄仍是那匹能吃苦的骆驼，肯用功、勇于开拓、不服输。他不甘心一直待在基层。经过努力，他又通过了博学宏词科考试。既然进了官场就好好干，凭政绩升官就是了。成天考来考去，想当考霸吗？原来唐朝学子有苦衷，他们科举及第后并不能马上做官，虽然有职位，但那只是一种任职资格；只有通过了吏部的铨选考试，才能真正得到任命，正式进入体制内。等待铨试可不是一件容易的事，少则一年、多则几年，有时甚至十几年。有的学子从正值壮年一直等到头发花白也未必等到，等到了也未必能考上。为了缓解学子们的忧虑，唐朝还设置了科目选考试，科目包括博学宏词、书判拔萃、三礼、三史、三传、五经、九经、开元礼、明习律令等科目考试，每年都举行，只要通过即可授官。这些科目中以博学宏词科最重要，考中者地位也最高。

  王昌龄虽然通过了，却并没有得到"明堂坐天子，月朔朝诸侯"的待遇，而仅仅被授予汜水尉（河南荥阳汜水县武官）之职。王昌龄虽然感到施展才华的舞台有些小，但心里还是欣慰的，毕竟自己从没放弃，努力的结果就是对自己最好的褒奖。暂时的不如意，并不能抹杀奋斗在自己心里的分量。

旗亭画壁快乐多

  官场上很多时候都是事牵着人走，个人根本左右不了局面。王昌龄人很正直，宰相张九龄无故被贬，他很想不通，站出来说了一些公道话。没想到一手遮天的李林甫相当不满，与他沆瀣一气的人又从中造谣诽谤，搬弄是非，在皇上面前说王昌龄的坏话。这下糟了，李林甫是皇上的红人，他不高兴，皇上能不心疼吗？也不问具体情由，一纸调令将王昌龄贬到了蛮荒之地——岭南。

一段时间后，朝廷起用王昌龄去南京，出任江宁县丞（相当于江宁县副县长）。途中，王昌龄在巴陵结识了诗仙李白，相处甚欢，分别时以《巴陵送李十二》相赠：

摇曳巴陵洲渚分，清江传语便风闻。
山长不见秋城色，日暮蒹葭空水云。

王昌龄的送别诗一向都是这样，没有伤别离，没有恭维和应酬，但那深沉的情意却直击人心。路经襄阳时，他又与孟浩然相遇。老友相见分外高兴，孟浩然不顾正患疽病的身体，招待王昌龄每日水鲜就酒，胡吃海喝。孟浩然这种病最怕吃发物，水鲜的过量摄入导致他痈疽复发，不久竟驾鹤西去了。后来了解了这个知识点的王昌龄深感内疚，伤心至极，好朋友的死与自己有关，那种悲伤真是无以表述。再加上他那文人的自由散漫个性，总觉怀才不遇的想法，都影响了他赴江宁任职的旅程。诗人怀着郁闷的心情，走走停停，停停走走，在洛阳一住就是半年。在这大半年里，他每天放浪形骸，酒不离口，早过了报到时间。

好朋友辛渐由润州（今镇江）渡江，经扬州北上洛阳期间，王昌龄与之形影相陪，留下了两首韵味无穷的《芙蓉楼送辛渐二首》。

芙蓉楼送辛渐二首

其一：寒雨连江夜入吴，平明送客楚山孤。洛阳亲友如相问，

一片冰心在玉壶。

其二：丹阳城南秋海阴，丹阳城北楚云深。高楼送客不能醉，寂寂寒江明月心。

在诗中，王昌龄用"一片冰心在玉壶"向朋友们表明了自己的清白，劝大家不要听信谣言：我还是从前的我，没受半点儿功名利禄的世俗玷污。

这天，百无聊赖的诗人又想一醉方休，于是唤来常在一起玩儿的高适、王之涣。三人跑到旗亭酒家，赊了一壶酒开怀畅饮起来。喝了一会儿，忽听远处传来笑声，紧接着十数位歌伎抱着琴翩然而至。由于他们在暗处，这些女子并没有留意他们。三人临时起意，赌歌女们唱谁的诗最多。歌女坐定后，一位开唱："寒雨连江夜入吴，平明送客楚山孤。洛阳亲友如相问，一片冰心在玉壶。"王昌龄抬手在墙上做了个记号。又一名歌伎唱道："开箧泪沾臆，见君前日书。夜台今寂寞，独是子云居。"高适也抬手做了记号。第三名歌伎唱道："奉帚平明金殿开，暂将团扇共裴回。玉颜不及寒鸦色，犹带昭阳日影来。"王昌龄又记了一笔。王之涣不服，"这几个歌伎只会唱下里巴人的庸俗歌词，哪会唱阳春白雪！"随后指着那些歌妓中最漂亮的一个："她要是不唱我的诗，我这辈子就不跟你们争高下！假如唱我的诗，你们就都得拜我为师！"结果那姑娘开口就唱："黄河远上白云间，一片孤城万仞山。羌笛何须怨杨柳，春风不度玉门关。"几人哈哈大笑，笑声惊动了歌伎，她们这才发现黑暗的角落里藏着这么些有趣的人。一搭讪，原来全是唱诗的作者！双方一拍即合，拼成一桌，兴高采烈地喝了起来。

王昌龄

我是一匹沙漠骆驼

个性有时候会成为牵绊

　　身在官场外，更能看清官场事。王昌龄在江宁县兢兢业业地干了八年，认真履职，低调做人。可不知道为什么，有些人总和他过不去。这让王昌龄很郁闷，每天面对琐碎杂事，要处理各种复杂关系。一路走来，他看清了很多道貌岸然的嘴脸，也有了一些感悟：想在职场上走得远，最好把个性磨平，做一个模棱两可的老好人，不提意见，没有观点，对一切不相干的政事不闻不问，只管干好自己分内事就可以了。可那样的天下将是怎样的天下？远处，梨花正开，雪白无瑕，多像一个人清正廉明、纯洁高尚的品格。王昌龄提笔写了篇《梨花赋》讽刺权贵，并以此自勉。就因这篇文章，王昌龄又遭人构陷，被贬到了龙标（今湖南怀化地区黔阳镇）当县尉。遭贬者得罪人越狠就会被贬得越远，越远生存越不易。龙标那地方偏僻险峻，穷得让人发慌，被发配到那个地方，心情可想而知。

　　王昌龄接连被贬，原因莫名其妙。其实，他没触怒谁，什么徇私舞弊、攻击朝廷啦，这些他都没有。王昌龄自己曾说过："得罪由己招，本性依然诺。"这话明白无误地向世人表白了自己的个性。据《唐才子传》对其记录："晚途不矜小节，谤议沸腾，两窜遐荒。"《旧唐书》则对他做了如此评价："不护细行，屡见贬斥。"这些言论的指向都是在讲一个问题，那就是王昌龄是个有个性的人。他的仕途不顺不怨别的，都是个性惹的祸。细说起来，也就是那点儿文人都会犯的通病：狂妄自大、锋芒太露、不拘小节、特立独行，不合群而已。

　　古语说，"得天下用良将，治天下用良相"。但文人臣子都不是完人，身上或多或少都有点儿普通人的毛病，如果起用他们的皇帝没有容人雅

25

量、爱才之心，他们焉会青史留名？有包容之心的明君追求的是济时拯世、施仁布泽、兴邦定国、文治武功……有了这样的方向，文人只要有才、有能力，对治国理政有帮助，身上那点毛病尽可以忽略不计。再来看王昌龄，作为一个洞察人世百态、细腻敏感的写作者，怎么会没点个性和傲气呢？木秀于林，"风"是万万不肯安分守己的，从来如此。但如果皇帝不偏听偏信，不撑腰，"风"再大，又能掀起什么浪呢？

龙标开启新生活

龙标比岭南还要荒凉。李白听说了王昌龄的境遇，立马提笔，以《闻王昌龄左迁龙标遥有此寄》来安慰他：

杨花落尽子规啼，闻道龙标过五溪。
我寄愁心与明月，随风直到夜郎西。

可能是对官场之事已洞然于心，王昌龄不像早前那样对不平之事强烈抵触。他的心智越来越成熟，有点宠辱不惊了，把这次贬谪看淡了。王昌龄对龙标的艰苦生活也不是那么排斥，相反却还有点喜欢："沅溪夏晚足凉风，春酒相携就竹丛。莫道弦歌愁远谪，青山明月不曾空。"在一个地方待久了，换换环境也不错，见识一下不同的景致、不同的风俗民情、不同的饮食习惯、不同的衣着……偏远怕什么，只要心中有梦，再僻陋的地方也充满希望。

那时，有势力者经常骚扰龙标。一次，住在附近寨子的苗将游世通的女儿带了三千女兵来到芙蓉溪，叫嚣说如果"诗家夫子王江宁"能以风景成诗，就带人撤兵，如若不然，就一箭射死王昌龄。面对挑衅与威胁，王昌龄不慌不乱，不卑不亢，只提了一个要求：写诗可以，但要苗汉和好，互不侵犯。当时正是六月，荷花绽放，日近黄昏，细雨骤停，白鹭归巢。王昌龄望着这一切，略一沉思，脱口吟出《采莲曲》：

雨过芙池暑气凉，红莲花共白莲香。
四围碧叶三分水，几个沙鸥破夕阳。

女将细一打量：也就是个普通荷塘，除了花儿也没别的稀奇，但让这诗人一勾勒，简直美如人间仙境啊！她心服口服，当即带兵回撤。王昌龄就这样用诗化解了一场灾难，这让当地百姓刮目相看，对他好感倍增。

在龙标任职期间，他为政以宽、爱民如子，且非常懂得入乡随俗，尊重当地苗民的风俗，注意改善民族关系。这让"诗家夫子"的名声越来越响。当地酋长的女儿阿朵很崇拜他，做出了一个粉丝的疯狂举动——当街长跪，只为求诗。"溪蛮慕其名，时有长跪乞诗者。"他哪里忍心辜负一个女孩子的心愿？提笔为阿朵写了"荷叶罗裙一色裁，芙蓉向脸两边开。乱入池中看不见，闻歌始觉有人来"的诗句。

王昌龄一向都是这样，对任何人，哪怕再卑微，从来都是本心对待。他为人豪放，不拘小节，喜欢结交意气相投的朋友，因此虽然仕途坎坷，朋友圈却汇聚了很多鼎鼎大名的资深诗人，如李白、岑参、高适、王之涣、王维、孟浩然、綦毋潜、李颀等，还有一些名声赫赫的诗坛新秀。昔日那些老朋友只要路过龙标，都会跑来看他，还有的干脆专程来探望，这让他继边塞诗、宫怨诗和闺怨诗之后，又找到了新的题材。

那些热情洋溢的笑脸、纯真质朴的心灵给他带来了很多慰藉。天下没有不散的筵席，对于每一个到访者，他都依依不舍地相送；回来后，就将送别情形一一记录笔端，常铭于心。

送胡大

荆门不堪别，况乃潇湘秋。

何处遥望君，江边明月楼。

送李十五

怨别秦楚深，江中秋云起。

天长杳无隔，月影在寒水。

送窦七

清江月色傍林秋，波上荧荧望一舟。

鄂渚轻帆须早发，江边明月为君留。

送任五之桂林

楚客醉孤舟，越水将引棹。

山为两乡别，月带千里貌。

羁谴同缯纶，僻幽闻虎豹。

桂林寒色在，苦节知所效。

送柴侍御

沅水通波接武冈，送君不觉有离伤。

青山一道同云雨，明月何曾是两乡。

送郭司仓

映门淮水绿，留骑主人心。

明月随良掾，春潮夜夜深。

从这些送别诗能够看出，王昌龄的人缘相当不错。不受官场待见，受朋友待见也是很幸福的。可惜，人生福祸无常……

"垃圾人"导致生命之殇

公元755年，盛唐的繁荣局面被"安史之乱"全方面打乱。叛军从范阳（今北京周边）一路南下，很快就攻占了洛阳，逼近长安。被拖入战争的百姓流离失所，身陷水深火热之中。青壮年全被征了兵，连小孩子也不放过。受战争牵累，到处一片惨象。为了安抚人心，朝廷在这节骨眼儿颁布了大赦天下的政令。已近花甲之年岁的王昌龄得以离开龙标，赴淮南任职。

龙标这个艰苦的地方，王昌龄足足待了八年。这八年是政绩斐然的八年，这八年是充实快乐的八年。诗人在这里全方位地打开了自己，政绩、诗情、才华都得到了最好的发挥。即将离开之际，当地太守设宴相送，王昌龄作诗酬谢。

答武陵太守

仗剑行千里，微躯敢一言。

曾为大梁客，不负信陵恩。

这首诗和其他诗都不同，王昌龄借史上信陵君的故事，委婉地夸赞了太守的胸怀和古道热肠，也间接地表明了自己是感恩之人。

动乱年代，最牵挂的就是至亲之人。王昌龄已近60岁了，他想念起年迈的老母亲。自己多年在外做官漂泊，不能在母亲身边尽孝，这让他深以为憾。如果在这样动荡的战争岁月，还不能守在老母亲身边让她免受惊吓，自己这个儿子也就当得太不称职了。王昌龄毅然抛官弃职，"以刀火之

际，归乡里"。

但就在他路过亳州时，他遇到了今生的灾星。当地刺史（州最高行政长官）闾丘晓竟毫无缘由地将诗人"忌杀"。王昌龄并没犯错，也没得罪闾丘晓；就算王昌龄有什么过失，也轮不到闾丘晓将其处死。史料对于这桩案子的具体原因记载得并不是那么详细，唯一的线索是闾丘晓也爱写诗，但写得实在太臭。根据史料评价，其为人"素愎戾，驭下少恩，好独任己"，可知是一个刻薄凶残、自以为是、小肚鸡肠的"垃圾人"。遇到这样的"垃圾人"，要分分钟远离。后人根据不甚详细的记载揣测，闾丘晓是出于对诗人的嫉妒才下了毒手。

世间自有公道！公元757年，叛军围困河南睢阳，河南节度使（军区最高长官）张镐奉命平定"安史之乱"。他檄令闾丘晓引兵救援，此人却全无一点保家卫国意识，竟无视军令，置之不理，致使睢阳失陷。张镐大怒，按军令将闾丘晓斩首。临死之际，这家伙还好意思痛哭流涕，苦苦哀求："辞以亲老，乞恕。"张镐大怒："王昌龄之亲，欲与谁养乎？"意思是：你有老母亲，可是你杀害王昌龄的时候，想到他也有老母亲吗？随着这一声断喝，张镐替王昌龄报了仇。

不知远在天上的诗人听到这话，心里是否有一丝安慰？从丢掉锄头开始寻梦那一刻到追梦圆梦，幻想过、奋斗过、失去过，也被人挂念过。

不管怎么样，这一程没白活。

佛系青年的诗画官场

王维

王维出身名门望族，自小便接受了良好的基础教育。他是诗人中的全才，琴棋书画皆有造诣。同时，他也是一名修行颇深的佛教徒，过了半辈子半官半隐的日子。他把佛教教义与诗歌创作相结合，使笔下的诗散发出幽远的禅意，分外通透灵秀；又将诗与画相融相合，形神兼备，意境幽远。苏轼对他大加赞美：「味摩诘之诗，诗中有画；观摩诘之画，画中有诗。」

朋友圈大 V 为仕途助力

王维 9 岁时，他那曾任汾州司马的父亲就病逝了，这加速了他的早熟。他 15 岁便去京城应试，以"新丰美酒斗十千，咸阳游侠多少年"的诗句，让长安诗人刮目相看。

重阳节，别人家都在登高远眺，王维却孤身一人，禁不住伤感，只能以《九月九日忆山东兄弟》慰藉心怀：

独在异乡为异客，每逢佳节倍思亲。
遥知兄弟登高处，遍插茱萸少一人。

写这首诗时，他才 17 岁。这首诗一问世，好评如潮。那时，谁能写好诗，谁就能有机会进入上流社会。王维除了诗，还精通音乐、绘画、书法，刻得一手好印。他可不是别人嘴里说的"样样精通，样样稀松"。人家是样样在行，样样杰出。后人说李白是天才，杜甫是地才，王维则是个人才。这样一个人才，要完完全全凭着才能打进官场，那也是充满艰难曲折的。父亲去世得早，官场关系是指望不上了，一切只能靠自己。

第一次参加科考落榜后，王维就敏锐地意识到，某些时候，水平是屈居于关系之下的：那些考第一的人文章不见得比自己写得好，可是人家后台比自己硬。自己虽然一向很自信，但还是希望在科举路上有个稳定的保障。年轻的王维虽讨厌潜规则，但在现实面前不得不妥协。所以在长安，他尽一切可能结交高人、贵人，结交对自己有帮助、能给自己带来改变的

人。他的朋友圈里几乎都是大人物："出则陪岐、薛诸王及贵主游，归则餍饫辋川山水"（《岁寒堂诗话》）。入朝有王公贵族朋友，比如宁王李宪、岐王李范；唱和则有同道文友，比如孟浩然、王昌龄、高适、岑参、杜甫、晁衡、李龟年等；出世清谈则有大德高僧，比如神会、瑗公、道光、道一、璇禅师、元崇、燕子龛禅师等。当然，这份名单是随着他的官运不断增补的。

王维不像白居易那样在考场外一等十几年，也不像杜甫运气那么背（好不容易走进考场却遇上了李林甫，把全天下考生都当成空气，愣是霸道地不录取一个人）。

帮王维步入仕途的是玄宗的弟弟岐王李范。王维听说有个叫张九皋的人走公主后门，早早就定下了解元身份。他赶紧找到岐王透露了自己的担忧。岐王出于各种考虑，不直接出头露面，只当中间人。他把王维介绍给了和皇帝哥哥关系相当好的玉真公主，并给王维五天时间，让他准备十首诗、一首琵琶曲。五天后，岐王拿出一套最新款的锦绣华服让王维穿上，然后直奔公主宴席。王维是个标准帅哥，生得唇红齿白、玉树临风，任你屋子再豪华，也掩盖不住他身上那帅气逼人的光辉。品着美酒的公主一见王维，立刻惊为天人，她装作漫不经心的样子向身边人打听这个少年的来历。岐王隆重地做了介绍，说王维是音乐才子，《郁轮袍》就是他的新作，而且他还是诗坛新秀……公主很感兴趣，让王维现场弹奏一曲以助酒兴。胸有成竹的王维深吸一口气，用了三秒钟做准备，接着调整情绪，十指翻飞，一首清脆欢快的琵琶曲在华屋中绕梁飘飞，如行云流水，将席间之人震得五体投地，赞许之声不绝于耳。

接着，王维又应邀吟诵自己的作品，把个公主惊得花容失色：原来一直喜欢的那些诗就是你写的呀！岐王趁机美言：如果这样的才子被公主发掘，那真是国之幸事、天下幸事！不过，这个年轻人发誓如果不能考第一就弃考。公主的心早已被欢喜填满，第二天就迫不及待地召集主考官，隆重推出了王维。而那个张九皋，也就是张九龄的弟弟，早被公主忘到了九霄云外。

接下来的事情顺理成章。公元721年，王维拔得头筹，金榜题名。这年他才21岁。因为杰出的音乐才华，朝廷给他安排了一个太乐丞的官职。活儿并不复杂，主要负责皇家的音乐和舞蹈排练。这个工作对于王维来说轻松惬意、正中下怀。他和高适、崔颢、裴迪及琴师李龟年经常凑在一起，在自己的作品"红豆生南国，春来发几枝。愿君多采撷，此物最相思"中交流吟唱，日子过得甚是春风得意。

看狮子舞惹出大麻烦

命运从来都是善变的，不会让你得意太久，也不会让你永远倒霉。所以，人人都要修命运中最重要的一环：得意时要小心，失意时莫沮丧。

王维在排练大型舞蹈《五方狮子舞》时，简直被主角迷得神魂颠倒。但见伶人闪跳腾挪，左移右飘，潇洒的身形灵活多变，那叫一个精彩！心花怒放的王维私自做了一个决定，他独自一个人，尽情尽兴地观看了伶人表演的舞黄狮子。得，就因为这么点小事，惹祸上身了。他被贬为济州司仓参军。不过是看了一次彩排，怎么就被贬了呢？原来黄与皇同音，舞黄狮子只有皇帝在场的时候才可以开始，所以王维胆敢私自观舞，就犯了僭越的大忌。

王维从帝都长安来到遥远的济州做一个小小的仓库管理员，那心里的落差真是"飞流直下三千尺"。皇帝根本不在乎某人的才华是否浪费，你只要惹他一时不高兴，他就能让你一辈子不高兴。也许看黄狮子舞只是一个由头。对于王维被贬这件事，私下里流传着好几种说法。一是说王维被

玉真公主强收为情人，他私自娶妻惹恼了公主；二是说王维和岐王走得太近，引起了玄宗的戒备；三是说王维才华横溢，让同僚不爽。不管到底得罪了哪尊神，王维是实实在在地被贬了。现实狠狠地给了这个热情敏感的青年一巴掌。幸好小时候就背过《维摩诘经》，有它疏导，心里的结还不至于成为死结。加之有笃信佛教的母亲不断地从旁开解，王维仿佛参透了些什么，默默地收拾行李乖乖上路。

王维在偏僻的济州沉寂了四年，心境凄苦，神思恍惚，写出的诗也色彩悲凉。实在熬不下去了，他辞官跑回长安，每天吟诗作画，倒也自在。

31岁那年，噩运再次来袭，怀孕的妻子难产去世，一尸两命。这对王维是沉重的打击，他悲痛欲绝，堕入痛苦深渊，并从此关闭了心房。《新唐书》记载："丧妻不娶，孤居三十年。"直到生命的最后，他也没有复燃再婚之念，一直过着独居的生活。可见他对妻子的用情之深。也许是怕思念，王维有关家庭的诗少之又少，留下来的只有《杂诗三首》。

一：家在孟津河，门对孟津口。常有江南船，寄书家中否？
二：君自故乡来，应知故乡事。来日绮窗前，寒梅著花未？
三：已见寒梅发，复闻啼鸟声。心心视春草，畏向玉阶生。

总陷在痛苦中容易崩溃，游历可以怡情，也可以疗伤。行走久了会发现，自然的山山水水、花鸟飞虫，都是心灵治愈师。

鸟鸣涧

人闲桂花落，夜静春山空。
月出惊山鸟，时鸣春涧中。

山高谷深，鸟鸣花落，美丽的春景图润泽着诗人的思绪。把心里所有边边角角的空隙都填满后，悲伤就不会趁机而入了。

山居秋暝

空山新雨后，天气晚来秋。
明月松间照，清泉石上流。
竹喧归浣女，莲动下渔舟。
随意春芳歇，王孙自可留。

初秋夜雨方晴，皎皎明月，青松如盖，清泉淙淙。姑娘欢声笑语忙着浣洗，莲叶轻舟将笑声传得很远很远……

如此迷人的景色，让王维更加专注于诗句的提炼和打磨。就这样一路走一路丢，那些深深浅浅的旧伤痕，在山水面前再也不敢贸贸然地现身，它们全都主动随山林水流依次后退，扑面而来的一切都是崭新的……

贵人提携重回官场

就在王维快要忘了官场，完全融入山水之际，传来了一个令人振奋的好消息：张九龄要当宰相了！

他当宰相和王维又有什么关系呢？原来，此人严明正直，很得人心，且心系青年才俊。唐朝科举制度条条框框虽多，但对真正的人才还是大有裨益的。只要是人才，尽可以向名人自荐求官。李白和杜甫年轻时都曾热衷于此事。王维虽然喜欢山水，但若以山水代前途，至少目前他是不情愿的。当下，他就给张九龄写了一封信。

上张令公

珥笔趋丹陛，垂珰上玉除。

步檐青琐闼，方憩画轮车。

市阅千金字，朝闻五色书。

致君光帝典，荐士满公车。

伏奏回金驾，横经重石渠。

从兹罢角牴，且复幸储胥。

天统知尧后，王章笑鲁初。

匈奴遥俯伏，汉相俨簪裾。

贾生非不遇，汲黯自堪疏。

学易思求我，言诗或起予。

当从大夫后，何惜隶人馀。

这种自荐文章一般都是表扬与自我表扬相结合，既赞美对方，也恰当地介绍自己。套路看着简单，但分寸不好把握。你不能把对方捧到天上，马屁若拍得太假，不喜奉承的人会怀疑你的人品；也不能把自己描述得太完美，点到即止，留着那么一点谦逊，让人有琢磨的空间，从而找到其中的舒适点。王维的前十六句是赞美张九龄的，后面则介绍自己。拍对方没肉麻，写自己也没翘尾巴。

张九龄看了很满意。这个人真是有胸怀，高人风采。他并没有计较当初王维将弟弟张九皋替掉一事，本着为国家储备人才的原则，立即提拔 35 岁的王维做了右拾遗。别看这个官儿级别不高，权力却不小，专门批评朝政、谏诤皇帝、弹劾大臣、举贤荐才。是不是举足轻重？

王维感激涕零，又提笔给恩师写了封感谢信《献始兴公》：

宁栖野树林，宁饮涧水流。

不用坐梁肉，崎岖见王侯。

鄙哉匹夫节，布褐将白头。

任智诚则短，守任固其优。

侧闻大君子，安问党与雠。

所不卖公器，动为苍生谋。

贱子跪自陈，可为帐下不。

感激有公议，曲私非所求。

王维出众的诗才、坦荡的风度让张九龄大为赏识。一时之间，王维官越做越顺，名满天下。就在形势一片大好时，恩师张九龄却突然被贬出京都，改任荆州大都督府长史。至此，大唐进入了口蜜腹剑的李林甫一手遮天的时代。由这样的人操纵朝政，许多站错队的官员都受到了冲击，王维也难逃此劫。

王维是个知恩感恩的人，在恩师遭难时，他又以一首《寄荆州张丞相》相慰：

所思竟何在，怅望深荆门。

举世无相识，终身思旧恩。

方将与农圃，艺植老丘园。

目尽南飞雁，何由寄一言。

张九龄作《复王维》回应：

荆门怜野雁，湘水断飞鸿。

知己如相忆，南湖一片风。

岁月会展现出所有人的秉性，经过这么长时间的交往相处，这两个年龄相差一大截的人，已经超越了上司和下属、师与徒的关系而一跃成为知己了。

如果没有张九龄，王维不知还要被埋没多久。他心里始终对恩师怀有感激，对他的遭遇愤愤不平。

与孟浩然相遇山水间

王维信佛，性格有点儿随遇而安，遇事从不迎难而上，只会消极隐忍，但内心并未达到佛家那种"不喜不悲不嗔不怒不怨不恨心如止水"的境界。这时候的他还远远没有修炼到这种程度，遇到困难总是耿耿于怀，郁郁寡欢，一副沮丧逃避的模样。从自己的一系列遭遇联想到恩师的遭遇，王维深深感到官场根本就不是一个按道理和规则出牌的地方，而是谁当政谁就是规则。

他对官场生出了一丝疏离感，开始想为自己找一处安静的栖息地，好安放自己那颗容易受伤的心。寻寻觅觅，终于找到了。王维出大价钱，在长安近郊终南山的辋川（今陕西蓝田县）山谷买下了一幢别墅。不能畅快地当官，能够诗意地栖居也是好的。没想到，在这片寂静幽深的山谷，他遇到了孟浩然。命运哦，总是一段失意伴着另一段相遇，无数得失会在某个不经间的瞬间串成另一段别样的快乐。

王维慢慢开心起来，他与孟浩然没事儿就唱诗做诗研究诗，合力把山水田园诗推上了顶峰。

有一次，王维登上了居所附近的城楼，近处山美水清，远处农人忙碌，这一切多么美好。诗人就是有这样的魔力，他能将一切常人看来很普通的场景以最概括最浓缩的语言保留下来，我们才有幸一点点还原出千年前的某个瞬间和场景。

辋川别业

不到东山向一年，归来才及种春田。

雨中草色绿堪染，水上桃花红欲然。

优娄比丘经论学，伛偻丈人乡里贤。

披衣倒屣且相见，相欢语笑衡门前。

登河北城楼作

井邑傅岩上，客亭云雾间。

高城眺落日，极浦映苍山。

岸火孤舟宿，渔家夕鸟还。

寂寥天地暮，心与广川闲。

就在王维陶醉于云淡风轻的日子时，一个坏消息在恭候他。老奸巨猾的李林甫算是看明白了：这个师从张九龄的王维站队意识不甚明朗，他对官场始终保持着若即若离的态度，他今天不可能、日后更不可能成为自己这边的人。既然不能为我所用，那也别想在我的眼皮底下滋润地活着。因此，李林甫毫不客气，随便找了个理由，用一个监察御史（最高检察院检查员）的身份，把王维给踢到了凉州（今甘肃省武威市）。

短暂的大漠之旅

公元737年，闷闷不乐的王维坐上了通往大漠的马车。长河、落日、

茫茫黄沙，路越走越宽，也越走越荒凉！但那"天苍苍，野茫茫，风吹草低见牛羊"的苍凉古朴壮美景色，还是让从未领略过北国风光的王维震撼激动了。他赶紧取出纸笔，将这一切给搬到了画纸上，想想意犹未尽，又题了一首诗《使至塞上》：

单车欲问边，属国过居延。
征蓬出汉塞，归雁入胡天。
大漠孤烟直，长河落日圆。
萧关逢候骑，都护在燕然。

从此，王维这句"大漠孤烟直，长河落日圆"就成了戈壁荒漠壮美雄浑画面的代名词。在这远离繁华、酷寒难耐、风沙蔽日的地方，原来藏着如此的浩大和壮阔。苍凉原本就是生命的底色，在苍凉中吼出生命之歌才是强者！没有什么放不下，没有什么不能超越，王维一时激情豪迈，他不再怨怒，不再纠结自己的遭遇。

当放平心绪，惊喜往往会突如其来。人生的第三喜"他乡遇故知"降到了王维头上。他与河西节度使崔希逸，老朋友岑参、崔颢和高适不期而遇。原本就是同类人，几人很快就聚到了一起：打猎、骑马、写诗；喝酒、撸串、吹牛！从没玩得如此爽快，从没这般彻底地放松。在京城时也玩，但那是另一种玩：在彬彬有礼中互相逢迎吹捧，还要时时留意莫要不小心流露了真情说错了话，被别有用心者拿去散播邀功领赏而遭遇封杀。在这里无须谨小慎微，一切面具都是累赘。不用伪装表演，不用患得患失，没有阴暗小人，没有被告密的担忧。一众人都坦荡得不能再坦荡、本真得不能再本真。边塞荒漠到处都留下了他们的足迹。

诗人都是感性的。陶醉山水时，王维创作田园诗。醉心大漠，笔下自然粗犷豪迈。

观猎

风劲角弓鸣，将军猎渭城。

草枯鹰眼疾，雪尽马蹄轻。

忽过新丰市，还归细柳营。

回看射雕处，千里暮云平。

陇西行

十里一走马，五里一扬鞭。

都护军书至，匈奴围酒泉。

关山正飞雪，烽火断无烟。

出塞作

居延城外猎天骄，白草连天野火烧。

暮云空碛时驱马，秋日平原好射雕。

护羌校尉朝乘障，破虏将军夜渡辽。

玉靶角弓珠勒马，汉家将赐霍嫖姚。

苍天阔地，篝火劲风，好友相伴，诗情荡漾，王维很享受这份根植于浩瀚大漠的纯真友情。也许他还没有意识到，人到中年，生命中集中到来的得到和惊喜正在慢慢消退，生命的另一种通道——不断地失去和消亡正慢慢前来。

不久，王维又被调回京城，但豪迈和欢畅却没跟着回来。他，接连嗅到了死亡的气息。先是崔希逸被副官陷害，抑郁而死；接着，孟浩然死于背疽复发；而后是自己一向敬重的恩师张九龄也与世长辞。虽然身体已在长安，虽然大漠与长安没有可比性，可灵魂却突然间找不到出口了，不知在哪里安放它才能够平静。长安已不是昔日的长安，人事无常，物是人非。朝廷在李林甫的牢牢掌控下，乌烟瘴气。李林甫排斥贤才，打击异己，弄得怨声一片，很多人都感受到了压抑。王维真想放声痛哭。年龄大了，没

有家庭，缺少亲情，一成不变的日子除了精神上偶有微澜，实在是没有什么盼头。王维对官场真的厌倦了，但官职带来的优越生活还不能完全割舍，他开始试着将身心一分为二，上班时处理公务，公务之外的时间全用来经营自己的世界。还好，学识帮了大忙，王维分离得很成功。从此，他游离于官场核心之外，一直过着半隐半官的生活。

隐居终南山，将心灵安放

人在有能力时要懂得未雨绸缪。钱多得不知怎么花时，不要花天酒地、一掷千金，买一处房产吧，为自己找一处后花园准备着总不是坏事。当眼下的生活让人疲惫时，想想远处：我有一座房子，面朝大海，春暖花开。即使没有大海，花海、林海也都是极美的。然后即刻启程，开启另一段不一样的生活，那该是多么潇洒、多么令人欣慰的事。

王维的终南山是他为自己选择的最好的心灵栖息地。在那充满诗意的栖居地中，他写下很多名篇，例如《终南别业》：

中岁颇好道，晚家南山陲。
兴来每独往，胜事空自知。
行到水穷处，坐看云起时。
偶然值林叟，谈笑无还期。

兴致来时，独自游荡。不求人知，只求心会。不问路线，不问目的，随意而行，走哪儿算哪儿。一路贪恋景色，不知不觉到了水流尽头，没路可走也能发现小惊喜，索性坐下看天上云卷云舒、飞鸟往来。回归时偶遇一位老翁，谈天说地，说东说西，都忘了回家了。

生性好静的王维很享受这种寂寞自由，把一个人的生活过得飘逸灵动。在思索与行走中，一切都趋于平静。这样漂荡多少天，这样孤独多少年，终点又回到起点，到现在才发觉：路过的人早已忘记，经过的事已随风而去。驿动的心已渐渐平息，疲惫的人是否有缘和你相依。这个你就是他自己：在一个人的修行中，俗世中的王维与超脱中的王维心心相印……

官场之人因长期浸染阴暗，见多了蝇营狗苟，多少都有些心理失调。热衷于此类的人当然不会有烦恼。对那些尚有良知者而言，抑郁大概是逃不掉的宿命。找谁医呢？佛成了首选。当独来独往也不能消除心中的阴影时，王维就与神会大师（慧能弟子）在佛的世界里流连徜徉。有了大师的点拨，心境豁然开朗。再经过佛理的洗礼与净化，内里的沟沟坎坎几近平复。这让王维变得愈加平和宽容起来，看樵夫也觉得蛮可爱。

终南山

太乙近天都，连山接海隅。
白云回望合，青霭入看无。
分野中峰变，阴晴众壑殊。
欲投人处宿，隔水问樵夫。

有诗有景有知音，但是没有家庭温馨和世俗之乐。无妻无子的王维，过的是清心寡欲的修行生活：吃素守斋，诵经坐禅，完全像僧人一样严格修持。他似乎与清风明月化为了一体，远离喧嚣繁华，任精神横无际涯地驰骋遨游。他的内心世界和性灵趣味，已经达到了纯净安详、空灵高妙的境界。这种状态滋润着笔下的诗句，使其山水诗的通透和灵性达到了高峰。

鹿柴

空山不见人，但闻人语响。

返景入深林，复照青苔上。

永恒的山川、太阳，短暂的人生！岁月轮转，伟大伴着渺小，渺小追随着伟大，生生不息！

辛夷坞

木末芙蓉花，山中发红萼。

涧户寂无人，纷纷开且落。

木芙蓉开了又落，山涧杳无人迹。它顺应自然，以蓬勃的姿态开给自己看。孤独让人寂寞，寂寞使人深刻。王维将禅意融入诗句的功夫越来越深厚。

终南山的收获远不止于此。王维有一个比他小十多岁的忘年交——官员裴迪。他们之间是知音、是哥们儿，又近乎父子。

赠裴迪

不相见，不相见来久。

日日泉水头，常忆同携手。

携手本同心，复叹忽分襟。

相忆今如此，相思深不深。

裴迪经常来陪他，俩人在一起学佛论道，"浮舟往来，弹琴赋诗，啸吟终日"。王维存世的唯一山水散文《山中与裴秀才迪书》就是为裴迪而写。这段情谊在王维晚年的一次政治事件中，给他带来的可不止是友谊的温暖。

"安史之乱"的巨大冲击

无论高官商贾还是贩夫走卒，每个人都躲不过时代巨变的冲击。公元755年，"安史之乱"爆发。安禄山虽是胡人，但非常喜欢中原文化，更喜欢王维的文采。他需要王维这样的文化人来为自己撑门面，于是把他从隐居地硬请了出来，让他当御用文人。王维虽不是那么刚直，但当"汉奸"绝对不可以。深知自己躲不过这场灾难，他偷偷地服了药，企图以变哑这个理由让对方嫌弃自己，从而逃过一劫。安禄山气坏了，将他遣送洛阳，拘禁于菩提寺内。王维把这段遭遇和心路历程全都记在《凝碧诗》中：

万户伤心生野烟，百官何日更朝天。

秋槐叶落空宫里，凝碧池头奏管弦。

命运是有玄机的，日后这首诗落在了裴迪手里，直接救了王维一命。

公元757年，大唐军队收复洛阳。那些接受安禄山伪职的三百余人全被押往长安受审。盛时你唱赞美歌，衰时你叛变投敌，谁会原谅你？！朝廷分别给予这些人处死、赐死、贬谪、流放的惩罚。可王维却毫发未伤，何故？

原来，王维被囚禁洛阳菩提寺时，裴迪前去探望，说起乐师流泪被迫为安禄山演奏的事，王维有感而发，便作了上面那首诗，写完后又念给裴迪听。做了多年的官，从没害过人，但不被人害的经验他还是有的。写首诗一来表明心迹，能明哲保身更好；不能，也算是对自己有个交代。裴迪

是个有心人，他将诗一字不漏地给记了下来。审查王维时，裴迪向有关部门出示了这首诗。王维在长序里这样写道："菩提寺禁，裴迪来相看，说逆贼等凝碧池上作音乐，供奉人等举声便一时泪下，私成口号，诵示裴迪。"有了这段长长的说明，再加上诗作确实表明了王维对叛贼的态度、对朝廷的忠心，唐肃宗看了之后很是认同，表示理解王维当时的处境。王维的弟弟王缙在平叛的过程中功不可没，官至刑部侍郎。他为了营救哥哥，也上书请皇帝对自己削官停职，替哥哥赎罪。加上宰相崔圆从中斡旋，唐肃宗还能说什么呢？特殊情况下人是会妥协的，何况王维并没有妥协，自然可以网开一面。

　　获得自由的王维，抑制不住喜悦："花迎喜气皆知笑，鸟识欢心亦解歌。"为了显示皇家大度，朝廷授予王维太子中允一职，为太子打理事务。王维又任职中书舍人、给事中，负责起草诏令、参与国家政策制定等事务；后至尚书右丞，监察兵、刑、工三部，因此王维又被世人称为王右丞。劫后余生的王维可谓步步高升。

　　"安史之乱"虽然平息了，后遗症却并没有消除。各民族矛盾冲突接连爆发，唐王朝不断受到来自西面吐蕃和北方突厥的侵扰。朝廷只好大量地往外派兵。在这种情况下，王维的朋友元二即将受命离开咸阳奔赴安西。已步入老年的王维知道自己经不起多少分别了，他端起酒杯，万语千言不知如何说起：一切都在酒里，干了这杯吧。

渭城曲

渭城朝雨浥轻尘，客舍青青柳色新。
劝君更尽一杯酒，西出阳关无故人。

王维
佛系青年的诗画官场

一心向佛，终成"诗佛"之名

从20多岁进入官场，数十年风风雨雨，王维的心早已千疮百孔。官职提升给他带来的只是瞬间的激动。平静下来后细细梳理，蓦然发现，心已经分裂得愈发厉害了，原来还能匀出一部分给官场，现在似乎一丝兴趣也没有了。只有沉浸佛教，沐浴佛经，才能找回内心的安宁。

一个人只要消减欲望，就什么都可以放下。王维感恩佛给予他的力量，作为回报，他把经营多年的辋川别业捐给了寺院。从此，退朝后，他一心一意地焚香独坐，专心修佛。"日饭十数名僧，以玄谈为乐。斋中无所有，惟茶铛、药臼、经案、绳床而已。"他的态度是明朗的。《酬张少府》："晚年惟好静，万事不关心。"《叹白发》："一生几许伤心事，不向空门何处销。"

王维和很多学者一样，前半生热情洋溢，对功名心驰神往；后半生坎坷多舛，对名利升迁心灰意冷。看看同时代的诗人：李白受了打击钻进了山水，杜甫受了打击变成了时事评论家。而王维受了打击，彻彻底底地把自己交给佛，坚决而果断地变成佛系成员，义无反顾地去赴那场精神之约。

王维是个矛盾的人，他不愿与李林甫同流合污，但也没有磨刀拔剑地起来反抗，哪怕以笔做刀似乎也没有。他只是一味隐忍退让。想归隐，又不能完全拒绝官场的便利与富足。不像陶渊明：归隐就是归隐，卸官去职，从此不问官场事。王维是半官半隐，藕断丝连，抱着"无可无不可，随遇而安"的态度，用佛经来平衡俗世的尘埃和内心的失落。他用自己的知识和经验，从容地周游于俗世官场、自然与佛教中，既很好地避免了政治带

来的打击，又能保持一己高洁。

王维在《与魏居士书》一文中说，在山林可以清高，在朝廷也可以清高。他觉得陶渊明不"为五斗米折腰"是"一惭之不忍而终身惭"。这表明了王维的官场态度，他是懂政治，深谙官场的，一面享受着官场好处，一面做着清高诗人。确实，王维算是人生赢家，他不像别的官员那样一辈子颠沛流离、生活困窘。王维经济宽裕，有闲暇，有情调，做官、隐居什么都没耽误。只是他不太放得开，把精神的苦闷延伸到了生活中，结果把日子过得清心寡欲，太过枯燥。

到了晚年，他终于大彻大悟，在佛经里找到了大美。

竹里馆

独坐幽篁里，弹琴复长啸。
深林人不知，明月来相照。

人老了，身体的各种毛病都冒出来了。怎样解决这些病痛呢？在无边的枯坐和思索里，他找到了答案。

秋夜独坐

独坐悲双鬓，空堂欲二更。
雨中山果落，灯下草虫鸣。
白发终难变，黄金不可成。
欲知除老病，惟有学无生。

他越来越喜欢这种与自然倾心交流的时光，于是正式上奏朝廷，辞官归田，并请求皇帝将弟弟王缙从蜀中调回长安。孤身一人的王维寂寞太久，太需要家人的温暖了。从万般繁华到一无所有，这次，他是心甘情愿的。

他不再计较，不再失衡。他在隐居辋川时给小朋友裴迪写过一首《辋川闲居赠裴秀才迪》：

    寒山转苍翠，秋水日潺湲。
    倚杖柴门外，临风听暮蝉。
    渡头余落日，墟里上孤烟。
    复值接舆醉，狂歌五柳前。

  是的，他抛掉了一切，淡然地"倚杖柴门外，临风听暮蝉"，不慕荣华、不求富贵，只求心灵安宁。在生命的最后，诗人终于做到了与佛融为一体，与孤寂化为一处。

  公元761年，61岁的"诗佛"王维驾鹤西去。临终前，他给亲友故旧一一去信，劝大家向佛修心。

  王维属于山水，不属于朝廷；属于诗意，不属于风骨。他以佛引领着心灵，在精神的后花园，在诗意的居所，为后人留下了丰厚的精神财富。尤其《辋川集》中那些山水诗，如禅般空灵，如云般幽远，开创了盛唐山水诗的新境界。其绘画理论《山水论》《山水诀》，一改传统俗套，独创新式泼墨画法。在音乐方面他也有很高的造诣，单凭表演者手持乐器的姿势就能说出所演曲目……

  王维总结自己的一生："少年识事浅，强学干名利""中岁颇好道，晚家南山陲""晚年惟好静，万事不关心"。从激情满怀的少年到心无杂念的佛教徒，王维的心路历程和性格走向日趋沉默，于复杂多变的官场和禅隐的自然山水中，铺就了一条亦官亦民亦禅亦隐的人生之路。

追月逐梦，挥洒盛唐气象

李白

如果要给唐诗找一位形象代言人，呼声最高的肯定是一位正在豪迈举杯的潇洒文士，这位文士就是李白。李白流传于世的那些诗，随便拿来一首都是诗坛精品！但他那短暂的三年官场生涯，却彻底沦为了公职人员的反面教材。

不过，正因官场不容，李白才携带着悲喜交加和酸甜苦辣的心情，无怨无悔地一头扎进山水。在山川日月的抚慰下，所有的负能量都慢慢地转化成了诗，从而成就了他『诗仙』的名号。假如李白真的被官场改造成了官员甲乙丙，那唐朝诗坛该是何等黯淡！我们的诗歌启蒙在错过了《诗经》之后，又将从哪里开始呢？

李白的官场失意，正是他走向文坛巅峰之始……

天生一副豪肠，挥洒喜怒哀乐

余光中诗中这样称赞李白：酒入豪肠，七分酿成了月光，余下的三分啸成剑气，绣口一吐，就是半个盛唐。很幸运，李白一生大部分时间都活在盛唐。除了临终之前短暂的窘困，他一直过着快乐无忧、富贵多金、自由自在、至情至性的生活。很少有人像李白这样，将天真烂漫而又狂傲不羁的个性张扬得如此极致。当接到朝廷向他发出的为官邀请时，他兴奋地大喊"仰天大笑出门去，我辈岂是蓬蒿人"；心情郁闷时，他唠叨着"但见泪痕湿，不知心恨谁"。状态好时；他则狂得不行，"人生得意须尽欢，莫使金樽空对月"。

李白是性情中人，一向跟着心情走、跟着感觉走。无论自然山水、人事沧桑，还是喜怒哀乐、蝇营狗苟，只要经李白的笔一润色，立刻便发出令人惊鸿一瞥般的璀璨光芒！在这位不羁诗人的带动下，唐朝诗歌蓬勃发展，涌现出很多大诗人和上乘佳作。清代学者孙洙编纂的那部《唐诗三百首》仅仅是沧海一粟，然而已够我们咂摸半生。

李白喜欢做梦，最大的梦就是入仕。他始终心怀天下，心心念念地想走进官场，实现"治国平天下"的理想。幸亏这只是个梦，幸亏这个梦折翼于长安。依李白的个性，官场阳奉阴违那一套，岂是他这个天真之人所能驾驭的？李白注定不见容于官场，他不能圆滑地掌控各种人际关系，又不愿违心地妥协于权力之下，做事热情冲动，少理性淡定。一高兴来三杯，一生气来六杯，把太多情绪都寄托于酒精者，会是一个好的父母官吗？虽然为了进入官场，迎合过、苟且过，不惜低眉弯腰装点别人门面，但那都

唐诗背后
那些有趣的灵魂

是虚幻梦想逼迫出来的短暂表演。当受了冷落、沮丧落魄之时，他一转身就与山水嬉于一处，这才发现：地老天荒，只有山水最善解人意；世道沧桑，只有日月最暖人心。这才是他的本性。

当他郁闷地踏上万里长路，五湖四海、诗酒田园张开臂膀，热烈地接纳他、成就他。李白化身仙人，在诗歌里嬉笑怒骂，纵横驰骋。笔杆一挥，三千里江山飞出美文佳篇；灵感频传，五千仞岳中挥洒喜怒哀乐！

世界那么大，到处去看看

据郭沫若考证，李白的父亲李客因犯人命案逃到西域，与当地女子结合后生下了李白。李白的出生地是碎叶城，在今天的吉尔吉斯斯坦境内。这样看来，李白是个典型的混血儿。史书描写他的长相："眸子炯然，哆如饿虎，或时束带，风流蕴藉。"高鼻大眼，挺拔伟岸，模样很有异域风。

一个人的少年经历总是会藏着日后发展的痕迹。这个颜值颇高的少年不喜欢吃喝玩乐安于现状那一套，倒是对仙道轮回虚无缥缈那些东西感兴趣。当李客举家搬到四川绵竹时，最兴奋的人莫过于李白了。这个地区自汉末以来，道教就一直兴盛。李白家不远处就是大匡山，此山山势险峻，沟深林茂，山上有数座道观。小李白可找着了好去处，他常常跑到山上，和道士谈经论道，晨昏不倦。不知是道教的吸引力太大，还是到了叛逆期，少年李白再也不愿待在家里了。他干脆卷了铺盖，和与自己有同好的东岩子隐居于岷山。本该挥洒青春尽情玩乐的年纪，他却远离人间烟火、闹市喧嚣，潜心读起书来。并非山高林深渺无人烟就一定会寂寞，也并非喧嚣闹市锣鼓喧天就会欢喜。心情的好坏全在心境，心若安淡恬静，散发出来的就全是美好。

两个年轻人在山林间饲养了很多奇禽异鸟。这些精灵们被训练得乖巧伶俐,一个口哨,立刻从四面八方汇聚而来,落在两人手心啄食谷粒。这种天人合一、物我两忘、无拘无束的生活奠定了李白自由浪漫、洒脱飘逸的性格底蕴。他常在清风明月里舞剑,喜欢汗水肆意流淌的欢欣,喜欢心随云飞的境界:"抚剑夜吟啸,雄心日千里。"

20岁,李白以一首《别匡山》与家人分别:

> 晓峰如画碧参差,藤影摇风拂槛垂。
> 野径来多将犬伴,人间归晚带樵随。
> 看云客倚啼猿树,洗钵僧临失鹤池。
> 莫怪无心恋清境,已将书剑许明时。

望着自己生活了多年的深山老林,李白头也不回地踏上了游仙行侠之路,开启了四川境内游之旅。儿行千里父担忧。李客为他请了一个身强力壮的年轻人,挑着大宗盘缠和琴剑、书箱,陪着他向成都、峨眉进发。散花楼、峨眉山、戴天山都留下了他的身影。李白在峰顶写诗弹琴,胸怀激荡。

夜色沉静,微风习习。淡淡的月光牵动着李白细腻的心思。也许,正是年轻时山顶那轮皎洁的明月,给了李白无尽的灵感。他爱月爱到骨子里,歌月、唱月、写月、吟月:"峨眉山月半轮秋,影入平羌江水流"(《峨眉山月歌》);"青天有月来几时?我今停杯一问之……唯愿当歌对酒时,月光长照金樽里"(《把酒问月·故人贾淳令予问之》);"江行几千里,海月十五圆"(《自巴东舟行经瞿塘峡巫山最高峰晚还题壁》);"举杯邀明月,对影成三人"(《月下独酌》);"床前明月光,疑是地上霜"(《静夜思》)。

大自然不仅怡人眼球,还阔人心胸。放眼天地,李白的视野更加敞亮,见识也愈发丰富。来自自然的种种奇境和各地有趣的风俗人情,种种体验

交融杂糅，让他的诗形成了自然豪放、清新明快、瑰丽奇幻的特点。那些游历体验经过岁月的沉淀和打磨，日后都化为金句，在诗坛中熠熠生辉！

26岁，李白已看遍四川山水，不满足于眼前的景色了。他想到更远处走一走。抱着"故知大丈夫必有四方之志，乃仗剑去国，辞亲远游"的念头，他离开了四川。这一走，从此再也没有回去。日后，李白在诗中不断提起峨眉、山月、子规鸟、杜鹃花、司马相如台、扬雄故宅这些故乡景物。可时间带走的太多，故乡再也回不去了。

成大气候者，须"读万卷书，行万里路"。李白是这么想的，也是这么做的。在他心里，才华才是一个人最好的身份证，只有才华才能把人送上高位。这个信念把他的理想撑得无限大："大鹏一日同风起，扶摇直上九万里。"他梦想自己能一步登天，像姜太公、诸葛亮那样，不出则已，出则拜相；不鸣则已，一鸣惊人！也只有李白这样天真的人，才会有这样大而无当的想法，这种虚幻的认知对他一生的官运有着深刻影响。

李白家境富裕，钱从来都不是问题。大量金钱和求仕梦支撑的壮游，潇洒至极。出三峡、下江陵、游襄阳、泛洞庭，直到金陵扬州。他仿佛是散财童子转世，天生大手大脚，动辄一掷千金！结果不到一年就散金三十余万。在《上安州裴长史书》中，李白说："曩昔东游维扬，不逾一年，散金三十余万，有落魄公子，悉皆济之。"他同情那些有才华的底层人，见不得他们为钱受委屈，于是把自己当成大侠，仗义疏财，放纵挥霍。他在《赠友人》中有过吐露："人生贵相知，何必金与钱。"另一首《醉后赠从甥高镇》中写道："黄金逐手快意尽，昨日破产今朝贫。"李白喜欢热闹，喜欢交朋友："结发未识事，所交尽豪雄。"（《赠从兄襄阳少府皓》）这期间的李白，身上的每个细胞里都洋溢着快乐和奔放。

李白
追月逐梦，挥洒盛唐气象

安陆十年的幸福与失意

走走停停，停停走走。28岁的李白来到湖北安陆时，口袋里的钱已所剩无几，没钱还怎么走四方？长时间漂泊，浪子多少也有点累了，干脆先住下再说吧。

经好朋友胡紫阳和马正公撮合，他顺从朋友美意，和唐高宗时当过宰相的许圉师的孙女成了婚。新婚暂时拴住了李白的双脚，安陆十年，平平淡淡。他自己的总结是这样的："酒隐安陆，蹉跎十年。"再幸福的日子也抵消不了一地鸡毛。李白是敏感的，上门女婿的身份积攒了太多不堪，虽说有老丈人丰厚的经济支撑，可寄人篱下、看人脸色是世间最难受的事。这生生加速了李白成为酒仙的过程。纵情地喝，任性地醉，醒了就内疚。

赠内

三百六十日，日日醉如泥。

虽为李白妇，何异太常妻。

在安陆，李白最不缺的就是友情。他常到太原、齐鲁拜访隐士、道士，老朋友常聚，新朋友不断。尤其新结交的比他大11岁的孟浩然让他如沐春风。长这么大，李白还没崇拜过谁。但这位孟哥哥不一样，洁身自好，不乐逢迎，是位清高雅士。为他，李白心甘情愿当粉丝。

赠孟浩然

吾爱孟夫子，风流天下闻。

红颜弃轩冕，白首卧松云。

醉月频中圣，迷花不事君。

高山安可仰，徒此揖清芬。

两人都是酒鬼，都爱写诗。凑到一起不是狂喝就是狂写，清代何溱有语："人生得一知己足矣，斯世当以同怀视之。"李白待这位孟哥哥真是好，他一生都很傲气，从不轻易赞美谁、留恋谁，但得知孟老夫子要去扬州，竟依依不舍，站在江边黯然神伤，就差默默垂泪了。

送孟浩然之广陵

故人西辞黄鹤楼，烟花三月下扬州。

孤帆远影碧空尽，唯见长江天际流。

有粉丝的旅途真温暖

不安分的李白不会长久屈居一地。30多岁的他离开安陆，在山东住了很长一段时间，之后漫游江苏、安徽、浙江等地。

在唐代，诗写好了，不但能谋个好前途、好工作，还能带来不菲的经济收入。李白的诗就是响当当的金字招牌。他一路走，一路写，一路赠，赠的都是达官贵人。不白赠，这些人满足了虚荣心或得了某种隐形好处，李白则得到了差旅费，双赢！

这一切都离不开贺知章。李白在安陆期间偶尔去长安游玩，认识了贺知章。那时，贺知章是工部侍郎，官职不小，但在李白面前扮演的却是粉丝角色。他对李白仰慕已久，谈兴甚浓之际，习惯性地向小二要酒，却发现分文未带。这个朝廷命官当场解下了朝廷赐予的象征身份品级的金龟换酒喝。他向自己的圈子大力推介宣传李白,如此一来,李白名动京师。只要李白一有作品出来,就有人开出丰厚的润笔费(稿费)索诗。李白的贵人缘和富人缘就这样高调开启。

不过,偶有例外,李白的诗有时也赠予普通百姓。安徽泾县住着一个叫汪伦的人,是个普通百姓。不普通的是,他是李白的超级粉丝。因为做粉丝做得太投入,从而让李白写下了一首超级有名的送别诗。

汪伦曾到处搜集李白的种种消息,知道他的一切爱好,甚至还十分了解他的性格特点。他琢磨着只要戳中李白的兴奋点,酒桌共饮、畅谈天下就指日可待。于是,他给李白写了一封热情洋溢的信,极尽诱惑地说:哥哥,当地有十里桃花、万家酒店,您快来吧,我们一起漫步月下,畅玩喝酒!

李白最经不住别人的热切表白,不假思索就启程了。去了一看,哪有什么桃花成林、酒店连片?不过是一个叫桃花潭的地方,姓万的人开了家小酒馆。李白并不是暴躁哥,来都来了,先喝他一壶再说。这一喝就把李白喝感动了。这个汪伦太有诚意了,他拿出了全部家底,每天"摧鲛列珍馐""酒酣益爽气",极尽殷勤周到。谁的钱都不是大风刮来的。李白有底线,汪伦只是个小百姓中的小土豪,不像达官贵人般富有,不能再给人家添负担,干脆不辞而别吧!没想到,他偷偷摸摸雇的船刚离开岸边,就听岸上锣鼓喧天……原来汪伦不知怎么得知了消息,率领村民在岸边吹吹打打地为他壮行,又送了他很多礼物。李白实在过意不去,真情写下《赠汪伦》:

　　　　李白乘舟将欲行,忽闻岸上踏歌声。
　　　　桃花潭水深千尺,不及汪伦送我情。

这是李白为数不多的写给普通人的最动人的一首诗，亲切洒脱，人情味浓厚。

除了汪伦，李白的超级粉丝中还有一个很出格的人，叫魏万，迷李白迷得不行，发誓此生哪怕倾家荡产也要见偶像一面。他到处打听李白的行程，得知李白正在游历的路上，就从王屋山出发，一路追到浙江天台山。李白做事一向凭心情，到了某地后，觉得不好玩，立刻奔赴一下站。所以，每次都是李白前脚走，魏万后脚到。就这样，魏万一路狂追，历经大半年，跋涉数千里，终于得到了一个和李白举杯共饮的机会。古代出行，双脚是唯一工具，这份执着，不是出于真爱谁肯呢？

粉丝很多，旅途很温暖，但李白可不想当一辈子诗人供人崇拜。除了做自己擅长的，他还想做从没做过的事，实现济苍生的宏愿，那就是当官。

广撒网，求职信越多越有希望

通过多年游历，李白对社会和天下有了进一步的看法，但对自己的认识似乎还停留在过去，一直超级自信地坚信"天生我材必有用"，认为凭自己的才情，进入官场施展抱负只是早晚的事。

李白娶前宰相孙女时隐藏着一点小心思。封建时代，谁不想通过科举一举成名？金榜题名之后就会"洞房花烛夜，福禄寿喜财"一路开挂，顺带着还能兼济天下，流芳千古！大唐盛世，无论声名赫赫的诗人文豪还是默默无闻的学子寒士，无不在摇头晃脑、夜以继日地啃书吃墨，欲以寒窗苦读换取人生的三级跳。李白也做着这样的官梦。只是命运不太给力，唐朝非常讲究门第，科考的第一关就是查户口，看看你家是否良民，祖宗有无犯罪前科和历史污点。李白祖上是凉武昭王九代孙（凉武昭王是李渊的五世祖），虽能扯上一点皇亲，可那是八百年前的事了。现实中的李白既没有户籍证明，家里也没啥人脉，老爹还有犯罪污点和经商嫌疑（唐代经商之家不许参加科考）。没办法，政审不过关就休想考试，骂谁都没用。

这让李白好生郁闷，只能走曲线入仕的路了。从前宰相身上，能不能发掘出一些有用的关系户呢？他手持许圉师的举荐信四处向高官贵族推销自己，谋官谋职。谁知干谒之路并不好走，他屡屡碰壁。李白终于明白：时过境迁，人走茶凉，当年的宰相已是如今的民夫，靠天等地不如靠自己。他开始苟且，开始委曲求全，用他那漂亮的文笔写求职信。

首先锁定的人物是韩荆州。此人本名韩朝宗，时任荆州长史（长史是刺史的副手）、山南东道采访使（负责检查刑狱和监察州县官吏）兼京兆尹（管辖京师的地方长官）。这人确有伯乐之风，李白的好朋友崔宗之就是被他举荐入朝为官的。李白点灯熬油，写了一封《与韩荆州书》。为了让这个伯乐高看自己一眼，李白违心地拍上了马屁，一开头就是一句媚态十足的"生不用封万户侯，但愿一识韩荆州"。马屁虽透着酸，但总带着那么一股质高料好的高档文化味儿。接下来，他话锋一转，对韩荆州说：你要肯见我，得请我吃饱吃好；你要想看我的诗，非得找个专人来抄写不可。真狂啊，介绍自己时更是一点都没客气："十五好剑术，遍干诸侯；三十成文章，历抵卿相。"意思是：看，我可是个聪明早慧、文武兼修、见过世面的人。"虽长不满七尺，而心雄万夫。皆王公大人许与气义。"意思是：我虽个子不高但志向高，王公贵族对我那是相当认可。

这一番自我介绍狂妄至极！然后，他才收敛了姿态，想起该给伯乐点赞了："而君侯亦荐一严协律，入为秘书郎；中间崔宗之、房习祖、黎昕、许莹之徒，或以才名见知，或以清白见赏。"

他这封信的节奏真的有点乱，又是奉承对方，又是夸耀自己，写得那叫一个潇洒畅快！天晓得韩荆州看了这封信是什么表情。反正，他肯定是

揣摩到了这个狂人的性格之四五六：能把求职信写成这样子的人，不用猜就是个随心所欲的人，是个有大不说小、虚张声势的人。虚夸的人最容易闹情绪，不理性，不是当官的料。老韩愣是没搭理他。

李白很生气，写下《襄阳歌》泄愤："……清风朗月不用一钱买，玉山自倒非人推。舒州杓，力士铛，李白与尔同死生。"将蔑视功名富贵、追求放浪自由生活的态度说得再直白不过。他认为，成功当然好，不成功就要过好当下，举杯痛饮及时行乐。

后来，李白又分别写了《上安州裴长史书》和《上安州李长史书》。这两封求职信也很失败，主要原因均是栽在轻狂上。求职信，求职信，以求职为目的，当然要谦虚低调、恭敬谨慎为好。而李白的这些信无不傲气冲天，趾高气扬。不诚恳就算了，还带着几许"你不推荐我当官会后悔一辈子"的威胁，这谁受得了？他在《上安州裴长史书》的结尾写道："若赫然作威，加以大怒，不许门下，遂之长途，白既膝行于前，再拜而去，西入秦海，一观国风，永辞君侯，黄鹄举矣。何王公大人之门，不可以弹长剑乎？"意思是：如果不接受我还指责我，那我就去长安发展，我就不信找不到机会。这种话已经完全脱离了狂傲的模样，变成了癫狂。不过，李白的狂不是那种不可一世、霸道之狂，他的狂带着文人特有的天真气和小孩子般的单纯。可是谁会去认真理解呢？他把人情世故想得太简单了，只从自己出发，全然不顾对方感受。自顾自玩耍，不理智啊。

从李白写的众多诗来看，极尽夸张、尽情尽兴是他的本性。

望庐山瀑布

日照香炉生紫烟，遥看瀑布挂前川。

飞流直下三千尺，疑是银河落九天。

你看看，一个瀑布能被他说成是"三千尺"！

李白
追月逐梦，挥洒盛唐气象

秋浦歌

白发三千丈，缘愁似个长。

不知明镜里，何处得秋霜。

如果白发真有那么长，路人都得被绊死了。

李氏夸张带着强烈的个人特色，得天独厚，是千百年都难超越的独一份的天真老祖式的天真！这种夸张使李白的诗充满了玄幻的浪漫色彩。

在《将进酒》中，更是将夸张发挥得无边无际：

君不见，黄河之水天上来，奔流到海不复回。

君不见，高堂明镜悲白发，朝如青丝暮成雪。

人生得意须尽欢，莫使金樽空对月。

天生我材必有用，千金散尽还复来。

烹羊宰牛且为乐，会须一饮三百杯。

岑夫子，丹丘生，将进酒，杯莫停。

与君歌一曲，请君为我倾耳听。

钟鼓馔玉不足贵，但愿长醉不复醒。

古来圣贤皆寂寞，惟有饮者留其名。

陈王昔时宴平乐，斗酒十千恣欢谑。

主人何为言少钱，径须沽取对君酌。

五花马，千金裘，呼儿将出换美酒，与尔同销万古愁。

这风格，写诗牛；写求职信，太令人怀疑了。

李白一辈子都活得张扬，谁也阻止不了他的任性。求职不得，他便发出了惊天动地的怒吼："大道如青天，我独不得出！"

发泄完依然我行我素，这一点很洒脱。

长安的繁华让人看不懂

追梦途中，诗是李白最忠实的伴侣。这些诗使他的粉丝量不断增加。一个粉丝的力量微不足道，粉丝团的力量可就无法估量了。就在李白用各种办法欲入仕途而不得的时候，粉丝给了他最有力的一推！

公元 742 年，客游浙江的李白和道士吴筠隐居在剡中一带，结识了同样出家为道士的玉真公主。唐玄宗屡次听闻妹妹谈起道士吴筠的高名，立马将其召入宫中。自己发达了，不能忘了朋友。吴筠和玉真公主齐心鼎力，再加上之前宰相贺知章的数番美言，使得唐玄宗三次下诏召李白入京任职。

费了九牛二虎之力却收效甚微，外力助推却运势翻转。当 42 岁的李白接到进京通知时，他兴奋得不能自已，跌跌撞撞地跑回南陵的家，高声嚷嚷着让孩子们杀鸡备酒，狂欢庆祝。

南陵别儿童入京

白酒新熟山中归，黄鸡啄黍秋正肥。
呼童烹鸡酌白酒，儿女嬉笑牵人衣。
高歌取醉欲自慰，起舞落日争光辉。
游说万乘苦不早，著鞭跨马涉远道。
会稽愚妇轻买臣，余亦辞家西入秦。
仰天大笑出门去，我辈岂是蓬蒿人。

兴奋至极的李白对这次长安之行踌躇满志，在给妻子的告别诗《别内赴征》中说："归时倘佩黄金印，莫见苏秦不下机。"简直是得意忘形。

李白来到长安，玄宗给出了一个皇帝所能给予的最高规格，亲自相迎，"以七宝床赐食于前，亲手调羹"。玄宗问了李白一些对天下事物的看法，李白张口就来，多年游历使他对社会、对人事的看法早已超出了普通人。深刻阐述得到了玄宗的极大肯定，玄宗当即授予李白"翰林供奉"一职。这可是世人眼中的美差，没什么具体事做，只管将皇帝捧得高高的、哄得美美的，让他高兴就成。说白了，就是一个高级马屁官儿，写写命题作文，唱唱赞美歌，就能成为妥妥的宫中红人。玄宗这时已经统治了三十年，政治清平，经济发展得不错，自己的地位也很稳固。他已经步入老年，没有干事业的激情了，只想和杨玉环唱唱歌、跳跳舞，在艺术的小天地里享受生活。只要李白能对这种生活锦上添花，就很完美。

李白可不这么想：我来是干事业的，不是陪你玩儿的。虽然有些失望，但他很快就想通了：通往理想的路都是曲折的，只要才华在，皇帝早晚会重用自己。为了圆梦，写点肉麻文章也没什么。他将平生的媚功吹功都使了出来，可劲儿地恭维杨玉环。

清平调词三首

其一：云想衣裳花想容，春风拂槛露华浓。若非群玉山头见，会向瑶台月下逢。

其二：一枝秾艳露凝香，云雨巫山枉断肠。借问汉宫谁得似，可怜飞燕倚新妆。

其三：名花倾国两相欢，长得君王带笑看。解释春风无限恨，沉香亭北倚阑干。

这是玄宗与杨贵妃赏牡丹时李白奉旨写的命题作文。还有众多乐府词，无不充斥着香艳媚态。李白的朋友任华看不下去了，在《寄李白》中写道：

"新诗传在宫人口，佳句不离明主心。"

以李白的文采，写这类逢迎诗是手到擒来。不过，老写这类诗，不能痛快地抒发自己的心声，那些梦想抱负从身体深处呼呼往外冒，使得他的酒瘾更大了。这时期，他经常和贺知章、崔宗之等喝大酒，经常都喝得醉醺醺的。杜甫《饮中八仙歌》中有情景实录："李白斗酒诗百篇，长安市上酒家眠，天子呼来不上船，自称臣是酒中仙。"其实，真假文人一试便知。把他放在花天酒地中，如果虚伪逢迎面不改色，那他的官就能当得久；如果他厌烦苦闷、愁绪满怀，那他就不是当官的料，这个官就当不痛快。

不喝酒时，李白经常独自在长安街上转悠。直觉告诉他，奢侈腐化、繁荣喧腾的长安城正隐藏着深重的危机。他知道，人一旦深陷权力和享乐，思想就容易走向简单粗暴。享乐者的身边都围绕着成群结队的浪蝶狂蜂，哄得主人心花怒放。那些专横的宦官、骄纵的外戚、野心勃勃的朝官终日围绕皇帝身边，如乌云般笼罩着长安城。忧天下的情绪在这一刻爆发了，李白隐隐感到，腐败将会摧毁一切。他一转笔风，开始反映现实。

古风（其二十四）

大车扬飞尘，亭午暗阡陌。
中贵多黄金，连云开甲宅。
路逢斗鸡者，冠盖何辉赫。
鼻息干虹蜺，行人皆怵惕。
世无洗耳翁，谁知尧与跖。

该诗通过对太监和斗鸡人的骄横的刻画，讽刺了奸佞小人得势后的猖狂，感叹这世人没有了许由这样的贤者，无人能分辨出贤与盗。昏庸政治可见一斑！

李白写了很多反映豪门奢侈场面及百姓贫苦生活的作品，这些作品让皇帝身边的人很不爽。那些被冠以奸臣之名的人一个比一个懂皇帝，一个比一个受宠。秦有赵高；唐有李林甫、杨国忠；宋有蔡京、秦桧；明有严嵩。这些人个个都是人精，只不过他们都是为了自己升官发财。假若这些人稍有公心，利用皇帝对自己的信任行正道、办大事，那天下该是何等幸运！可惜，往往是把皇帝哄得团团转的人一心为私；不屑哄人者恨不得把自己整个都献出去，却往往碰得头破血流。李白就属于后者，他本身就傲岸不羁，不圆滑，不世故，不懂随波逐流。

辞职是最体面的选择

　　李白喝了酒常耍酒疯，又爱口出狂言，说些不该说的话，管些不该管的事。对于这些，皇帝并不在意，睁只眼闭只眼也就过去了。可是经常想听歌的时候找不到人写词，白白浪费了好心情，这令皇帝很不爽。翰林学士（相当于内相）张坦很看不上李白放浪形骸的行为。随着李白的性格越来越暴露出来，渐渐地，一大批人都开始看不惯他。终于，在酒精的作用下，憋屈的李白发作了，他借着酒劲儿让高力士为自己脱靴。深得圣宠、位高权重的高力士几曾受过这等侮辱，便在贵妃耳边煽风点火。

　　玄宗宠杨玉环那可是世人皆知："后宫佳丽三千人，三千宠爱在一身。""春宵苦短日高起，从此君王不早朝。"通过贵妃的嘴，玄宗开始嫌弃李白。对自尊心极强的人来说，受冷落的滋味还不如咔嚓来一刀来得痛快。思来想去，李白很及时地提出了"还山"的请求。玄宗的态度印证了李白的直觉：和三下圣旨、求贤若渴时的态度判若两人，皇帝没有客套太多，马上批准。但皇帝不想让人说自己小气，赐了一大笔钱，足足有三十万金。据说还赐了钱粮牌，这可是个好东西，有了它就可以逢州吃州、

遇县吃县，州一千，县五百。

李白的君子之风让他不屑干那些鸡零狗碎的事儿，这注定在复杂的局势下无法保护自己，只能退居山林，从此将心与明月。李白拿着大笔失业金，又陷入了诗酒歌和暴走中。

长安三年，是李白政治生涯中的唯一高潮，也是其人生的最低谷；是他对社会认识最清醒的三年，也是回忆中苦乐参半的三年。他余生的脚步越走越远，再也没有回到过长安。

离开时，朋友们前来送行。李白感慨万千，作了一首《行路难》（其一）：

> 金樽清酒斗十千，玉盘珍馐直万钱。
> 停杯投箸不能食，拔剑四顾心茫然。
> 欲渡黄河冰塞川，将登太行雪满山。
> 闲来垂钓碧溪上，忽复乘舟梦日边。
> 行路难！行路难！多歧路，今安在？
> 长风破浪会有时，直挂云帆济沧海。

面对美酒佳宴，他没有像平时那样一饮三百杯。人生之路多艰难，今后的方向在哪里？李白就是李白，刚还在为前途忧虑，转瞬就豪情万丈："长风破浪会有时，直挂云帆济沧海"！

洛阳开启史上最动人的邂逅

李白来到了河南开封，待了一段时间后又来到洛阳。

李白

追月逐梦，挥洒盛唐气象

公元744年，诗坛最伟大的邂逅开始了。33岁的杜甫由山东来到洛阳。洛阳是当时的繁华大都，富商云集，官僚会聚。杜甫因为一直得不到某些上流人物的垂青，对他们的腐败骄纵就更看不惯了，但他一见到44岁的李白就把所有不快都抛到了脑后。和李哥交往，只觉清风阵阵，有如澄明秋月拂过心坎。满满"天上谪仙人"的风采，直叫人心清气爽。他在《赠李白》中说：

> 二年客东都，所历厌机巧。
> 野人对腥膻，蔬食常不饱。
> 岂无青精饭，使我颜色好。
> 苦乏大药资，山林迹如扫。
> 李侯金闺彦，脱身事幽讨。
> 亦有梁宋游，方期拾瑶草。

真心厌烦奸诈投机之人，富贵人家整天大鱼大肉而我却吃不饱。李侯啊，你如今离开了朝廷，正好咱们结伴，到林中采仙草！

二人打破了文人相轻的藩篱，友谊的小船迅速驶向美好。

李白见多识广，学仙问道、走南闯北、行侠仗义、官场历练……经历丰富得简直能拍一部大片了。杜甫虽然也有10年游历经历，但比起李白还是显得单薄了些。李白的卓越见识、豪爽性格、宽广胸襟，还有那杰出的文采，都深深地吸引着杜甫。二人相见恨晚，同游开封时又结识了诗人高适，这三人一拍即合，策马奔腾，看山看水，品茗饮酒，畅谈天下。这行云流水的日子好不惬意！李白的笔从不肯懈怠，连打猎也是极美的："骏发跨名驹，雕弓控鸣弦。鹰豪鲁草白，狐兔多肥鲜。邀遮相驰逐，遂出城东田。一扫四野空，喧呼鞍马前。归来献所获，炮炙宜霜天。"

高适离开后，李白和杜甫一起来到了山东济南，在太守李邕家里饮酒

聚会。门前是酸枣树，篱笆上爬满了瓜。桌上有酒有肉，有诗有歌。主客畅谈，如仙如幻。不久，李杜短暂分别，李白以一首《鲁郡东石门送杜二甫》相送：

醉别复几日，登临遍池台。
何时石门路，重有金樽开。
秋波落泗水，海色明徂徕。
飞蓬各自远，且尽手中杯。

时间不久，他们再次见面。经过长时间接触，杜甫对李白的了解深了一层。他觉得，李白太骄傲，应该收敛一些，于是劝道："秋来相顾尚飘蓬，未就丹砂愧葛洪。痛饮狂歌空度日，飞扬跋扈为谁雄？"相处相伴好则好矣，可终不能整日这样无所事事。杜甫想到长安谋个差事，李白也想走更远的地方。南下江东前，李白在沙丘城写了首《沙丘城下寄杜甫》：

我来竟何事？高卧沙丘城。
城边有古树，日夕连秋声。
鲁酒不可醉，齐歌空复情。
思君若汶水，浩荡寄南征。

分分合合，聚散无常。二人最后一次相见是在兖州。分别时，李白有些伤感：此回一别可能就是长别了，不知何年何日再次欢会！杜甫一向过得苦，他不像自己大大咧咧惯了，到哪儿都很吃得开；杜甫心思太重，牵挂太多，感情细腻忧郁，很容易陷入孤独和偏执。他劝这位弟弟遇事要放松些，懂得找乐子。

戏赠杜甫

饭颗山头逢杜甫,顶戴笠子日卓午。

借问别来太瘦生,总为从前作诗苦。

    这次分别后,二人再也没有相见。唉,落后的交通阻滞了多少深切的思念,扼杀了多少真挚的友情?

    李白又一头扎进了山水,在现实与幻想、欢乐与痛苦之间来回穿梭。这期间,他的手头已不像年轻时那样宽绰,因为多年不回家,与父母几乎断了联系,自然也得不到他们的接济;但在行走中也还是衣食充足,一路花费完全靠稿费支撑。在没钱的日子,李白求仙的心更强烈了:"仙人如爱我,举手来相招。"他又说:"穷愁千万端,美酒三百杯。愁多酒虽少,酒倾愁不来。"每陷郁闷、忧伤时,他就喝酒。酒能消愁亦能解忧。他一直不忘济苍生,强烈的社会责任感一直都在:"苟无济代心,独善亦何益。"走到浙江天姥山的时候,他写下了《梦游天姥吟留别》。李白对三年的长安官场生活心有余悸,对着大山喊出了心声:"世间行乐亦如此,古来万事东流水。别君去兮何时还?且放白鹿青崖间,须行即骑访名山。安能摧眉折腰事权贵,使我不得开心颜!"

站错队,后果很严重

    公元755年,盛唐的和平局面被安禄山打破。他举起反旗攻进长安,将天地搅得飞沙走石。此时的唐玄宗已顾不得天子形象,狼狈逃命,逃跑前把皇位和一堆乱摊子一股脑儿地丢给了太子李亨——他就是后来的唐肃宗。玄宗的另一个儿子永王李璘见皇位归了哥哥,心有不甘,趁乱起兵。

李璘知道，只有枪杆子和笔杆子双管齐下，才有资本捞天下。李白济天下的梦一直都在，但毫无政治敏感性，面对李璘的召唤欣然应允。他也不想想，李亨才是得到亲传的正宗皇太子，而李璘起兵属于名不正言不顺。稀里糊涂上贼船的结果不言而喻，永王被肃宗以反叛为名镇压，受牵连的李白跟着锒铛入狱。朝廷欲治李白于死地。他能逃过一死，多亏大将郭子仪从中斡旋。

这其中隐藏着一段渊源。

当年李白为翰林供奉时，在大街上偶遇被属下连累获罪的郭子仪。李白见此人被缚牢笼却从容大义，毫无惧色。对话后，其不凡的谈吐和英雄气概让李白瞬间倾倒。李白的性格里本来就有行侠仗义的一面，他上书皇帝为仅仅一面之缘的郭子仪开脱。郭本来也罪不当死，皇帝卖了李白一个面子，让郭子仪戴罪立功。至此，这擦肩而过的两个人结下了过命交情。

世事总是充满玄机。李白受牵连被关浔阳监狱后，经老朋友崔涣和宋若思的竭力相救，总算获救出狱。但李亨不肯放过他，非要治罪。此时，已是天下兵马副元帅的郭子仪得知此事，马上上书唐肃宗李亨，表示愿拿自己的官职换取李白的自由。如此，李白才得以被从轻发落，流放贵州夜郎。

如果没有当初对郭子仪的出手相救，李白又将魂归何处？爱出者爱返，福往者福来。有时候无意中的一施手，就是对人生最好的积福。日后，正是威名赫赫的郭子仪带人平息了"安史之乱"。李白这一出手不仅救了自己，救了皇室，也间接地挽救了大唐江山。玄宗当年的金真没白赐！

虽然死罪免去，已届暮年的李白还是很伤感。也许他悟到了：治国不像作诗，来不得半点浪漫和浮夸。它需要理性，需要运筹帷幄，更需要站好队。本想济天下，谁想老了却背上了反叛的罪名："夜郎万里道，西上令人老。"只图一醉！只有沉醉才能让人解脱。孤月与夜鸟为伴，花落满身满心凄凉，这是李白最消沉的时期，他在《自遣》中写道：

対酒不觉暝，落花盈我衣。

醉起步溪月，鸟还人亦稀。

李白取道四川赶赴夜郎。当小船行至白帝城的时候，因关中大旱，传来朝廷大赦天下的消息。李白仰天长啸，惊喜交加！随即乘舟东下江陵。还说什么，《早发白帝城》就是最开心的表白：

朝辞白帝彩云间，千里江陵一日还。

两岸猿声啼不住，轻舟已过万重山。

两岸猿声依旧，轻舟已越万重山峦。心上的重石永远地抛在了身后！这是李白写景诗中最轻松的一首，也是最有故事、感慨良多的一首。

时年远在长安的杜甫得知李白出事后，很是担心："故人入我梦，明我长相忆。"又充满同情："冠盖满京华，斯人独憔悴。孰云网恢恢，将老身反累。千秋万岁名，寂寞身后事。"他到处打听李白的消息："不见李生久，佯狂真可哀！世人皆欲杀，吾意独怜才。"

窘迫的临终岁月

释归后，李白回到了浔阳。住了一段时间，又开始漫游。

公元760年，李白已经59岁了，体力、精力大不如前。生命来日无多，平生理想可能再也没有机会实现了。只有多写些诗，尽量延展人生的厚度吧。"我志在删述，垂辉映千春。"

李白想多出作品，写好作品，想改变魏晋以来文坛追求形式美的绮

丽作风。就在这样平静的写作氛围中，传来一个令李白兴奋的消息：公元761年，"安史之乱"另一个头领的儿子史朝义将老爹史思明杀死，率兵向南方进发。唐王室太尉李光弼领百万大军抵抗。

一听有战争，花甲之年的李白又焕发出了活力，他乐颠颠地跑去征兵处请缨参军。但那一头白发和羸弱的身体无论怎么掩盖都逃不过考试官的眼睛：您老这也忒夸张了！考试官想都没想就直接拒绝了李白。这个一向善于夸张的人，又一次被自己的夸张打败了。李白呆呆地站在原地，似有所悟：看来夸张只适合塞进文章里，运用到生活真的很难遇到伯乐呀。他步履蹒跚，悻悻而归。

没通过就没通过，换个环境抖落尘埃。李白又踏上旅程，往来于宣城和历阳之间。李白对宣城很有好感，那是因为南齐的谢朓在这儿做过太守。谢朓为官为人都很对李白心思，也是南齐杰出的山水诗人。李白自认为与谢朓在诗歌风格和生命追求上不谋而合：写山水，写官场，也写都市和隐居。那种既要做官又求归隐的纠结度，简直和自己同出一辙。李白心里把谢朓引为知己，因心底存着好感，所以在与同伴同登谢朓楼时，不仅有作品，还是佳作名篇。

宣州谢朓楼饯别校书叔云

弃我去者，昨日之日不可留；乱我心者，今日之日多烦忧。

长风万里送秋雁，对此可以酣高楼。

蓬莱文章建安骨，中间小谢又清发。

俱怀逸兴壮思飞，欲上青天揽明月。

抽刀断水水更流，举杯销愁愁更愁。

人生在世不称意，明朝散发弄扁舟。

李白晚年的生活，只有得了好诗心情才会好一些。年轻时到处游历，又多金又大方，到处都有粉丝给予热情招待。可因为自己有了依附李璘被流放的污点，时人就毫不掩饰地暴露出真实那一面，谁也不想和一个忤逆的人接近，怕被连累。李白连喝酒的钱都没有，也没人主动赞助，他不得不向人告借。这种心境，对从没缺过钱的李白来说窘迫而尴尬。有一次，他在路上遇到了一位许久不见的熟人，想要一块儿喝一壶，可是一摸口袋空空如也。总不能让酒瘾和友情都落空吧，只好解下多年佩戴的宝剑换了酒。

年轻时，李白经常住在朋友家里，那些朋友都是有钱人。老了，穷了，落魄了，反倒有了更多机会接触穷苦人。

宿五松山下荀媪家

我宿五松下，寂寥无所欢。
田家秋作苦，邻女夜舂寒。
跪进雕胡饭，月光明素盘。
令人惭漂母，三谢不能餐。

以前的李白对钱、对友情一向既来之则安之，拿得起放得下，只因他数十年为客，未尝一日低颜色。而今在田家受到了简陋的招待，却感到衷心的惭愧。田家的不易和艰难使他的心灵受到了极大触动。他的诗渐渐多了草根形象。

哭宣城善酿纪叟

纪叟黄泉里，还应酿老春。
夜台无晓日，沽酒与何人。

人生暮年，诗人身上那种张狂傲岸的气势正慢慢消减，变得多情而平

和起来。

公元762年，李白生活实在挨不下去了，又生着病。没办法，他前去投奔在安徽当涂做县令的族叔李阳冰。一路颠簸，病愈加重了。他把所有诗稿都交给了叔叔。生命的最后，李白写下了最后一首《临路歌》：

大鹏飞兮振八裔，中天摧兮力不济。
馀风激兮万世，游扶桑兮挂石袂。
后人得之传此，仲尼亡兮谁为出涕。

李阳冰把李白的作品编为《草堂集》十卷，并为之作序，称他是"千载独步，唯公一人"。

尽情活在当下才是真风流

李白一生心心念念想步入仕途，屡次尝试，屡次失败；虽有一段短暂的为官经历，但离心中预期很远。在理想上，他基本没有得到过满足。失落苦闷，借酒浇愁，当座上宾和阶下囚，都是因为理想……一生富贵多金，潇洒快活，唯独没有在官场纵横捭阖。因为这个梦没有实现，他一直有些耿耿于怀。

但他没有被这种灰暗情绪压倒，而是以长安为起点，几乎看遍河山，走遍南北，自由自在地放飞自我！丰富的游历让他集旅行家、剑客、酒仙、浪子身份于一身。这些身份互相勾连交错，思想与自然融会贯通，将李白本性里的天真高傲、热情豪放全部化为浪漫，丰饶着笔下诗文。天人合一的境界化成行行诗歌，飞跃大江南北。行走，成就了他一生最高的成

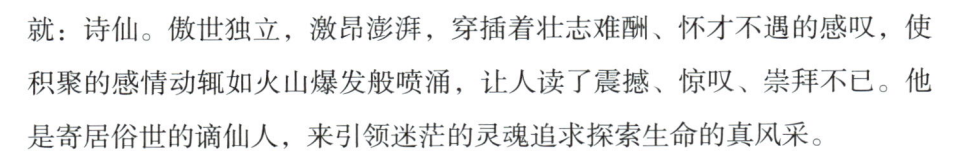

就：诗仙。傲世独立，激昂澎湃，穿插着壮志难酬、怀才不遇的感叹，使积聚的感情动辄如火山爆发般喷涌，让人读了震撼、惊叹、崇拜不已。他是寄居俗世的谪仙人，来引领迷茫的灵魂追求探索生命的真风采。

李白做自己做得很成功，做朋友做得也很好，但做人家丈夫、父亲、儿子这些角色似乎不太及格。他先后娶了四任妻子：许氏、刘氏、山东一位没留下名字的女人，还有宗氏；育有三个孩子。他常年离家，对亲人没有尽到该尽的责任。虽然现实生活有很多不如意，但并未阻止李白尽情地活在当下。不管受到什么样的打击和委屈，他最拿手的事就是迅速掉头，寄情山水，快速地将不快消解掉。在喜怒之间自由切换心情，或许这多少有点没心没肺？活着那么难，又何必为难自己。身体和灵魂始终在路上的人定是虚怀若谷之人，因为漂泊和行走是完成精神追求和自我救赎的最好路径。

他的故事，他的诗，都是盛唐气象的直观投射。盛唐造就了李白，李白诠释着盛唐。他用超越常人的气质、天真烂漫的个性、天马行空的笔风，将旅行途中的一切包括地理、风俗、人情、见闻、心得、感受……全部收录笔端，勾画出盛唐的绮丽多姿和经济繁荣，精准地传递出盛唐思想开放、言论自由的时代之风和蓬勃气势。他的存在促进了文坛的繁盛蓬勃、诗歌的璀璨丰饶。他和时代彼此成全，相处甚欢。

唐朝是独一无二的唐朝，李白是独一无二的李白。他的诗不可复制，他的人难以模仿，他是庞大的文化符号，是难以逾越的高山，是中国诗坛千年的第一人！

战地记者的日记

杜甫

杜甫是世界文化名人。这缘于他的慈悲为怀、他的忧国忧民、他的博爱、他的重情……更缘于他的真实!那真实完全是苦难浸泡出来的。

杜甫19岁离家,24岁参加科举,29岁结婚,36岁时又进考场,却因李林甫暗箱操作再次落第。后来,杜甫给玄宗献上了《三大礼赋》,总算受到了官方赏识,但未得像样官职。人到中年,杜甫受剑南节度使严武提携,当上了检校工部员外郎。严武去世后,58岁的杜甫带着妻儿辗转漂泊。在湖南耒阳遭洪水围困,九天后被县令用小船救回,因饥饿太久,胃病发作而亡。

苦难几乎贯穿了杜甫一生。他不逃避,不掩饰,以苦难为墨,以责任为纲,真实再现了盛唐落幕的全过程,因此被尊为『诗圣』,其诗被尊为『诗史』。

杜甫
战地记者的日记

归家途中的长安所见

　　公元 755 年 11 月，43 岁的杜甫从长安出发到奉先县（今陕西蒲城）看望家人。路经骊山脚下，唐玄宗与杨玉环度假地的奢华气派深深刺痛了他。杜甫记录了最上流和最下层的强烈反差："……中堂舞神仙，烟雾散玉质。暖客貂鼠裘，悲管逐清瑟。劝客驼蹄羹，霜橙压香橘。朱门酒肉臭，路有冻死骨……"在这首《自京赴奉先县咏怀五百字》实录中，杜甫报道了皇家的奢侈，也揭露了民间惨状。强烈的反差让诗人有点写不下去了："荣枯咫尺异，惆怅难再述。"

　　当一个社会只剩下了虚假繁华，声色犬马时，无数觊觎的目光就会聚集在暗处窥探。当时机成熟，它们就会伸出尖利的魔爪，扑向摇摇欲坠的腐朽大厦。眼下，唐王朝就在演绎着这样的危机：官员和贵族们没有止境地吃喝玩乐，不分昼夜地花天酒地，对民间的疾苦却视而不见。

　　因为交通闭塞，消息不畅，"安史之乱"已经全面爆发的消息被一场豪华宴会的奢靡音乐所掩盖。就在盛唐即将被画上句号之际，玄宗皇帝依然陶醉在浪漫温柔乡里，一无所知。等大兵压境，叛军攻进城，皇帝这才慌慌张张地从音符中惊醒，派高仙芝和封常清两位大将应战。

　　唐朝的兵将太弱了，平时疏于管理、荒于操练，一个个老朽无能，基本武功全废。国库里的武器都锈透了，一拿起就散架。这样的兵、这样的武器只能用于布阵，在唇齿间成全一下主人吹牛的欲望；一旦真刀真枪地打起来，就败得没有一丁点儿悬念。战场上，唐朝军队就像干枯的野草，被秋风抽去灵魂后，倒得又快又齐整，这速度让长安城的门户——潼关危

在旦夕。玄宗这时听信杨国忠谗言，一次又一次发出错误指令，终于把潼关这道唐都最坚固的天然屏障让给了叛军。大门洞开后，长安城瞬间成了人间地狱。

玄宗带着一众亲信连夜逃往四川，临走前把黄河流域交给了他的三儿子李亨，长江流域则交给八儿子李璘。李亨在西北将领郭子仪、李光弼等的支持下，于灵武（今宁夏境内）即位，为唐肃宗。

昔日的繁华国都，此时刀光火海，鬼哭狼嚎。安禄山开始屠城了。杜甫观望这种种疯狂，悲愤难抑，他以一个资深记者的责任感，以一个纪实作家的良知，在诗里为我们还原了长安城的惨状：

哀王孙（节选）

长安城头头白乌，夜飞延秋门上呼。
又向人家啄大屋，屋底达官走避胡。
金鞭断折九马死，骨肉不待同驰驱。
腰下宝玦青珊瑚，可怜王孙泣路隅。
问之不肯道姓名，但道困苦乞为奴。
已经百日窜荆棘，身上无有完肌肤。
高帝子孙尽隆准，龙种自与常人殊。
豺狼在邑龙在野，王孙善保千金躯。
不敢长语临交衢，且为王孙立斯须。
昨夜东风吹血腥，东来橐驼满旧都。
朔方健儿好身手，昔何勇锐今何愚。
窃闻天子已传位，圣德北服南单于。
花门剺面请雪耻，慎勿出口他人狙。
哀哉王孙慎勿疏，五陵佳气无时无。

杜甫
战地记者的日记

这场战争改变了无数人的命运。在动荡的大背景下，杜甫面对噩梦一样的日子却无能为力：家中没有任何经济来源，断炊已久，一家老小就快被饿死。杜甫好不容易借了点儿粮食，然后把家安顿在鄜州羌村（今陕西富县）。

短暂的官场生涯

杜甫从年轻时就参加科举，一直未中。之后又忙着到处投简历、写自荐信，一连投了六篇长文，才终于得到了一个河西县尉的小官。那时的杜甫很傲气，觉得凭自己的才华，怎么也不至于当这么个芝麻小官，于是拒绝赴任。好脾气的朝廷又任命他为右卫率府胄曹参军，专门掌管兵甲仓库门锁钥匙。这个官儿也不肥，杜甫写诗自嘲："不作河西尉，凄凉为折腰。老夫怕趋走，率府且逍遥。"

干了一段时间，这份工作也因战乱告吹。杜甫回家探亲的路上，战火已经遍及四方。他简单安顿好家人，就去往灵武投奔新任皇帝唐肃宗，谁想半路与叛军狭路相逢，被抓为俘虏。人家看他没多大利用价值，对他看管得也不太严。杜甫瞅空儿就摸出笔疯狂记录：除《自京赴奉先县咏怀五百字》外，还写下了一系列战争纪实：《哀王孙》《哀江头》《悲陈陶》《悲清坂》……乱世离家，他的牵挂格外揪心：不知妻子儿女们怎样了？他们能不能吃得上饭？能不能穿得暖？所有担心都记在《月夜》里：

今夜鄜州月，闺中只独看。
遥怜小儿女，未解忆长安。
香雾云鬟湿，清辉玉臂寒。

何时倚虚幌，双照泪痕干。

杜甫是个感悟细腻、多愁善感的人。长安城满目疮痍，战乱已持续半年多，他夜夜睡不好，心里无时无刻不在担心家人、想念家人，如果有一封信来该多好啊！哪怕是只言片语，也足以宽慰担惊受怕的心，他在《春望》里写道：

国破山河在，城春草木深。
感时花溅泪，恨别鸟惊心。
烽火连三月，家书抵万金。
白头搔更短，浑欲不胜簪。

家书难得，抵得上万两黄金。盼啊盼，盼得头发都白了，稀稀疏疏的，连簪子都别不住了。

逃出叛军俘虏营的杜甫，历尽九死一生，总算安全到达灵武，找到了皇帝。当时，诗人尊严全无，体面尽失：脚丫子露出鞋外，身上衣衫褴褛，脸上布满尘灰，浑身上下瘦得皮包骨头。年轻皇帝一看杜甫都这样了还惦记着大唐江山，又辛酸又感动，遂封他为左拾遗（谏官）。想起一路来的遭遇，杜甫感慨万千，以《述怀》为记：

去年潼关破，妻子隔绝久。今夏草木长，脱身得西走。
麻鞋见天子，衣袖露两肘。朝廷愍生还，亲故伤老丑。
涕泪授拾遗，流离主恩厚。柴门虽得去，未忍即开口。
寄书问三川，不知家在否。比闻同罹祸，杀戮到鸡狗。
山中漏茅屋，谁复依户牖。摧颓苍松根，地冷骨未朽。
几人全性命，尽室岂相偶。嵚岑猛虎场，郁结回我首。

自寄一封书，今已十月后。反畏消息来，寸心亦何有。

汉运初中兴，生平老耽酒。沉思欢会处，恐作穷独叟。

  自从安禄山叛乱，离家已经一年多了，杜甫将一路的心路历程和经历如实记录了下来。他想亲人、念亲人，担心再也不能和家人团聚了，心里老有一种不祥的预感。

  这是杜甫的私人日记，也是时代写真。

  安顿下来的杜甫内心虽不安定，但还是充满感激。满目疮痍，山河破碎，在这样的境况下还能重新步入官场，找到饭碗，很是幸运了。他打心眼儿里珍惜这份工作，感动之余遂在心里发下誓愿，一定要不遗余力地辅助皇上把国家治理好，不能再让更多家庭妻离子散，不能再让战争悲剧持续扩大重演了。杜甫有爱民如子的善良，有俯身做事的踏实，可就是缺少历练，他太感性、太书生气了，认为皇帝封自己为左拾遗是对自己最大的肯定和信任，把皇帝不了解的、不知道的都说出来才是最好的报恩。杜甫一向悲天悯人，有深切的民本情怀，亲民爱民，同情一切不幸者。当自己终于有了发言权，可以替那些苦难的人说话时，杜甫忠言直谏，一心顾全大局，为天下计，却陷入了一厢情愿的尴尬。

  宰相房琯带兵打仗兵败，他的政敌冤枉他只忠于玄宗而对肃宗不尽心。杜甫替房琯申辩，向肃宗求情，又从国家角度提出了很多合理化建议。杜甫忘记了一点：战事频繁，形势复杂，刚继位的年轻皇帝整天焦头烂额，疲于应付，意见再中肯，时机也不对。这番上奏惹怒了年轻的小皇帝，将杜甫贬为华州司功参军（办事员）。不过，唐肃宗还算仁义，用的是回乡探亲的名义将他打发走的。仅仅做了几个月的左拾遗，杜甫就遭到贬黜。

  人间沧桑，只有家是唯一的、永远的方向。

艰难的求生之路

一路长途跋涉，风餐露宿，杜甫终于回到了阔别已久的家。妻子含着泪水跑出来，孩子们兴奋地翻弄着他带的礼物："粉黛亦解包，衾裯稍罗列。瘦妻面复光，痴女头自栉。学母无不为，晓妆随手抹。移时施朱铅，狼藉画眉阔。生还对童稚，似欲忘饥渴。问事竞挽须，谁能即嗔喝。翻思在贼愁，甘受杂乱聒。"四邻乡亲尽管骨瘦如柴，但都还活着，大家相拥而泣，彻夜深聊……才回来两天，杜甫就发现了问题：村子一片萧条，很空旷。"黍地无人耕""儿童尽东征"，大街上再也见不到调皮捣蛋的儿童，这些尚且年幼的孩子都在军中服役。人口的减少更加突出了田地的荒凉，北方农村基本全是这种情形。

叛军相继攻陷汴州、洛阳、山东、河南……杜甫的几个弟弟都处在叛军攻陷之地，战事阻隔，音信不通，做哥哥的心里很担心。

月夜忆舍弟

戍鼓断人行，边秋一雁声。
露从今夜白，月是故乡明。
有弟皆分散，无家问死生。
寄书长不达，况乃未休兵。

所幸唐王室的战斗力有所提升，相继收复了长安和洛阳。肃宗也于十月底返京，朝廷又恢复了杜甫的官职。但几天后，杜甫又被卷进了肃宗派与玄宗派两大势力的争斗案中，再次被贬到华州（今陕西华县），做了管理祭祀、学校工作的小官。虽然长安、洛阳被官军收复，但是叛军余流战斗力仍很强。唐室派出数十万大军围攻邺城，被一冲而散。形势危急之下，急于补充兵力的官军不择手段，在街头上演了一出又一出强行征兵的场景。杜甫身上有着太多文人特质，哪怕自己只剩下了叹息的力气，也要为无辜的生命呐喊！他满含着泪水，将自己的见闻浓缩进了纪实报告文学"三吏"（即：《新安吏》《石壕吏》《潼关吏》）和"三别"（即：《新婚别》《垂老别》《无家别》）中。"三吏"反映出一个残酷事实：家家户户的男子都被迫当了兵，就连老太婆也要被抓到军中做饭。"三别"则描述了战争中夫妇、父母和儿女间的生离死别。

国家像一个病入膏肓的老者，旧伤未愈，又添新疾！不久，关辅地区又发生大饥荒。时代的洪流将杜甫再次卷入深渊和困窘。在"多病秋风落"的凄冷中，诗人天真而热烈地幻想着"君来慰眼前"。他去秦州（今甘肃天水）投靠侄子杜佐和僧人赞公，想在那里定居："何当一茅屋，送老白云边。"可现实分分钟就撕碎了他的梦：无米下锅，无衣御寒。《空囊》这首诗道尽悲凉：

　　　　　　翠柏苦犹食，晨霞高可餐。
　　　　　　世人共卤莽，吾道属艰难。
　　　　　　不爨井晨冻，无衣床夜寒。
　　　　　　囊空恐羞涩，留得一钱看。

如果能像神仙那样食柏餐朝霞，辟谷绝食该多好啊！开不起火，井水也冻了，晚上冷得直打哆嗦，怕被别人笑话囊空如洗，下定决心留下最后一文钱守住口袋。

日子挨不下去了，杜甫又想起了一个人——与自己曾共患难的前同事韦十六，于是又领着家人来到秦州南面的同谷寻他。杜甫见到老朋友了没

有不得而知,但从其诗中看日子没有丝毫改变。杜甫在《乾元中寓居同谷县作歌七首·其一》中自述:

> 有客有客字子美,白头乱发垂过耳。
> 岁拾橡栗随狙公,天寒日暮山谷里。
> 中原无书归不得,手脚冻皴皮肉死。
> 呜呼一歌兮歌已哀,悲风为我从天来!

本以为换个地方能吃上饱饭,可这儿的日子比秦州还要不堪,全家断炊,衣食无着。杜甫率领家人拣柏子、拾橡栗,砍柴开荒。大雪封山,北风凛冽,为了找点吃的,诗人扛着锄头,深一脚浅一脚地到深山去挖山芋。很多人被饿死、冻死,官府却熟视无睹,一幕幕人间惨景让杜甫欲哭无泪。实在没办法,一个月后,杜甫又率领全家由同谷出发去成都投靠昔日的亲友。

"安史之乱"已四年有余,偏居一隅的四川相对还算安定。公元759年12月,杜甫全家老小穿越秦岭高山深谷,颠簸了很久,终于来到了成都。

发同谷县(节选)

> 贤有不黔突,圣有不暖席。
> 况我饥愚人,焉能尚安宅?
> 始来兹山中,休驾喜地僻。
> 奈何迫物累,一岁四行役。

从华州到秦州到同谷,再到成都,一年换四个地方,皆因穷困啊。

草屋孕育了一颗博爱之心

还好，这里有不少熟人：成都尹裴冕、彭州刺史高适、东川节度使严武、舅父崔明府、表弟王司马等。亲戚朋友们捐资捐物。在众人的张罗帮衬下，几个月后，杜甫在成都西郭外浣花溪畔盖了几间草屋，定居浣花溪畔。不多久，好消息又来了。杜甫的好友严武出任剑南节度使，坐镇成都。他一来成都就拜访了浣花溪畔的草屋，也使杜甫的生活环境有了很大的改观。

一路漂泊的杜甫总算是找到了家的温馨，当然要记下这美好的过程。

堂成

背郭堂成荫白茅，缘江路熟俯青郊。
桤林碍日吟风叶，笼竹和烟滴露梢。
暂止飞乌将数子，频来语燕定新巢。
旁人错比扬雄宅，懒惰无心作解嘲。

安顿下来后，杜甫于第二年春天拜访了诸葛武侯祠。想起国家还在危乱中，到处生灵涂炭，心里很有感触。

蜀相

丞相祠堂何处寻，锦官城外柏森森。
映阶碧草自春色，隔叶黄鹂空好音。
三顾频烦天下计，两朝开济老臣心。

出师未捷身先死，长使英雄泪满襟。

杜甫一直怀有"致君尧舜上"的理想，无奈仕途坎坷，报国无门；面对一代名臣诸葛亮，对他开创基业、挽救时局的壮举无限仰慕。

虽然心中依然有伤感，但心情愉悦了不少，每天忙着修整房屋、开荒种地、打理小院。经过一番规划，杜甫在居所旁边栽种了很多树和花，扩展了草堂花园。长期颠沛流离，一朝拥有安身之所，那种喜悦是心花怒放式的。春光春景里有家的感觉真好，杜甫全景式地捕捉着每一丝温馨。

水槛遣心

去郭轩楹敞，无村眺望赊。澄江平少岸，幽树晚多花。
细雨鱼儿出，微风燕子斜。城中十万户，此地两三家。
蜀天常夜雨，江槛已朝晴。叶润林塘密，衣干枕席清。
不堪祗老病，何得尚浮名。浅把涓涓酒，深凭送此生。

他从悲惨愤懑的瘦老头儿变成了儒雅闲散的老学究，每天闲庭信步，东看西看。那平凡的一树一木、一花一草，那清澈的溪流、欢唱的鸟儿，这一切都是诗啊！看着操劳的老妻每天忙忙碌碌、天真的孩子蹦蹦跳跳，杜甫的心盛满了欢欣。这来之不易的安宁，这其乐融融的天伦之乐，满满的都是幸福感。

江村

清江一曲抱村流，长夏江村事事幽。
自去自来梁上燕，相亲相近水中鸥。
老妻画纸为棋局，稚子敲针作钓钩。
但有故人供禄米，微躯此外更何求？

除了常与严武欢聚，不时还有客人到访。《客至》《有客》《王竟携酒》……都是这一时期的作品。

这是杜甫后半生最惬意的时光。浣花溪畔漫步赏景，种菜种花，与农民交往，享受一切能享受的。一如既往的困境中洋溢着前所未有的快乐！这时期作品小清新大明快，净是热情洋溢、喜上眉梢的调子，就连雨都在欢笑！

春夜喜雨

好雨知时节，当春乃发生。
随风潜入夜，润物细无声。
野径云俱黑，江船火独明。
晓看红湿处，花重锦官城。

珍贵的春雨催开了邻居家的花儿。

江畔独步寻花七绝句（其六）

黄四娘家花满蹊，千朵万朵压枝低。
留连戏蝶时时舞，自在娇莺恰恰啼。

还没品够花的多情，窗外的两只黄鹂又勾起了他的灵感。

绝句

两个黄鹂鸣翠柳，一行白鹭上青天。
窗含西岭千秋雪，门泊东吴万里船。

如果生活给杜甫以从容安稳，他可能会成为田园诗人，或者山水诗

人，绝不会选择做悲悲切切的苦情诗人、政治诗人。

杜甫的笑容太短暂。好端端的天气忽然变得恶劣起来。狂风暴雨接连来袭，草屋不堪风雨，墙壁裂开了口子，屋顶茅草刮得到处都是。诗人百感交集："八月秋高风怒号，卷我屋上三重茅。茅飞渡江撒江郊，高者挂罥长林梢，下者飘转沉塘坳。南村群童欺我老无力，忍能对面为盗贼，公然抱茅入竹去。唇焦口燥呼不得，归来倚杖自叹息。俄顷风定云墨色，秋天漠漠向昏黑。布衾多年冷似铁，娇儿恶卧踏里裂。床头屋漏无干处，雨脚如麻未断绝。自经丧乱少睡眠，长夜沾湿何由彻？安得广厦千万间，大庇天下寒士俱欢颜，风雨不动安如山。呜呼！何时眼前突兀见此屋，吾庐独破受冻死亦足！"他不再局限于自己的困苦，而是牵挂着普天下的受苦人，为他们歌唱，为他们呐喊！

茅屋修好不久，严武接到了赴京任职的调令，杜甫一路相送。之后，杜甫相继在梓州、射洪、通泉、涪城、盐亭、汉州（广州）、阆州（阆中）、苍溪之间辗转漂泊："况我飘转无定所，终日戚戚忍羁旅。"

那些色彩缤纷的梦

公元 763 年这一天，诗人忽然听到一个天大的好消息——《闻官军收河南河北》。八年了，战争的噩梦终于结束了！数年来，何曾有过一天的安心？长年在苦难里浸泡，诗人的感情变得十分苦涩，笔下的诗句都变成了追问和呐喊。如今，积聚了八年的悲伤突然得到释放，狂喜之情溢于言表："剑外忽传收蓟北，初闻涕泪满衣裳。却看妻子愁何在，漫卷诗书喜欲狂。白日放歌须纵酒，青春作伴好还乡。即从巴峡穿巫峡，便下襄阳向洛阳。"这是杜甫平生第一首快诗。内心的苦闷一扫而光，取而代之的是快乐的洪流一泻千里。数年里辗转漂泊，到处是"华夷相混合，宇宙一膻腥"的局面，还有"万人尚流冗，举目惟蒿莱。至今大河北，化作虎与豺"的惨状。如今终于不再受战争的纷扰，怎不叫人欣喜若狂？

剧情很快反转。由于唐王朝的精锐部队都被调往内地平叛，吐蕃趁机大肆侵犯。虽然唐太宗和唐中宗曾以文成公主和金城公主和亲，两方有过甜蜜的胶着期，但此一时彼一时。吐蕃翻脸总是比翻书还快。吐蕃相继攻下中原数州，唐代宗仓皇逃往陕州，长安再次沦陷：府库被劫掠，房舍被焚烧。一时间："豺狼塞路人断绝，烽火照夜尸纵横。"（《释闷》）。战乱的惨剧再一次上演，杜甫忧心如焚。

遣忧

乱离知又甚，消息苦难真。

受谏无今日，临危忆古人。

纷纷乘白马，攘攘著黄巾。

隋氏留宫室，焚烧何太频！

吐蕃又将战火烧到了西蜀。杜甫用《警急》《王命》《征夫》《西山三首》记录了这场战事的因由。

后来，杜甫又回到成都，严武也回来了。通过严武的推荐，杜甫被任命为节度使署中参谋，他为严武贡献了不少平定吐蕃的方略。严武没有辜负杜甫，率兵大败吐蕃，拓地数百里。杜甫一高兴，大醉。醉眼迷离中，那些曾经的过往一幕幕再现：自己"七龄思即壮，开口咏凤凰"。20多岁，正值盛世，意气风发，在长安过着"放荡齐赵间，裘马颇清狂"的日子，相继游历了江浙、河北一带。祖国的大好河山让人心潮澎湃。"岱宗夫如何？齐鲁青未了。造化钟神秀，阴阳割昏晓。荡胸生层云，决眦入归鸟。会当凌绝顶，一览众山小。"可是长安十年，蹉跎了岁月，耗尽了青春。官未

就，心不安。一边是贵族们荒诞不经的童话剧，一边是百姓们离乱凄苦的现实剧。黑多于白、苦大于乐，挣扎在生死边缘，遭受饥寒折磨，再炽热的心也会渐渐冰冷，再美好的梦也不会再提起。平凡之人，谁能够在长久的失望中保持激情？谁又能够在穷困中一味地幻想？还是做好贫苦百姓的代言人吧。以史为镜，可以知兴替。千年之后，那些喝着咖啡、幸福地聊着天的人们，只要看到我这一首首悲惨写实的战地报道、一篇篇尖锐深刻的时评，心里有所触动，能珍惜当下生活，就足够了。

在成都居住了大约五年半，严武突然病逝。对于严武，杜甫的内心是矛盾的，严武这个人虽然对他有恩，但为人性情暴虐，在川中穷奢极侈、横征暴敛，杜甫后来跟他产生了很多矛盾。迷茫困顿中，杜甫决定另寻他路。借着"安史之乱"结束的契机，他携家乘舟，于公元765年告别成都，再次踏上漂泊路。经过渝州、忠州时，于夜色中作《旅夜书怀》：

细草微风岸，危樯独夜舟。
星垂平野阔，月涌大江流。
名岂文章著，官应老病休。
飘飘何所似？天地一沙鸥。

理想从未消失，可机遇再也未垂青。为着生计，总是从一个地方辗转至另一个地方，未曾得到岁月的半点馈赠，却落得一身疾病。置身于烟波浩渺的大江，自己仿佛就是天地间那只沙鸥，能飞往哪里去呢？辛酸悲凉，萦绕心头。走吧，继续走。

杜甫
战地记者的日记

在漂泊中告别人世

公元 766 年秋天，杜甫携家来到了夔州（今重庆市奉节）。夔州雄踞瞿塘峡口，壮阔的长江和沿途风景让杜甫触景生情。人在异乡，总是忍不住怀念自己的故乡。一个云淡风轻的早晨，杜甫来到长江北岸，看着白帝城中的人家沐浴秋日朝晖，禁不住心潮起伏："千家山郭静朝晖，日日江楼坐翠微。信宿渔人还泛泛，清秋燕子故飞飞。匡衡抗疏功名薄，刘向传经心事违。同学少年多不贱，五陵衣马自轻肥。"写景怀古之后，想到一起求学的同学在长安附近的五陵穿轻裘、乘肥马，过着富贵的生活。老同学们混得都不错啊，自己却在这悲欢的人世间飘零。

感慨之余，生活还是要继续的。杜甫带领全家自力更生，在一片山坡上用架木盖起了简陋的房屋，暂时定居下来。他用竹筒把山泉水引下来，作为家人的饮用水。九月九日重阳节，照例要登高，这是习俗，不可不遵。这次登高却不似年轻时那样踌躇满志，内心里排解不尽的全是世事感慨。

登高
风急天高猿啸哀，渚清沙白鸟飞回。
无边落木萧萧下，不尽长江滚滚来。
万里悲秋常作客，百年多病独登台。
艰难苦恨繁霜鬓，潦倒新停浊酒杯。

经历了无数苦难，写了一辈子诗，大概命运最大的赐予就是自己的好文笔吧。世事沧桑，笔下早已没有了年轻时的浪漫，多了些许成熟，多了

些许感慨，也多了对诗精准的把握。

听说乌鸡能治风寒，杜甫让家人养了许多乌鸡。由此还闹出了一个小插曲。家人很讨厌鸡吃虫子，认为那完全是伤害无辜的生灵。杜甫想，干脆把鸡卖掉算了，可是鸡卖掉后会被主人杀了吃。他突然对鸡心生怜悯，让童子把鸡放了。然而又矛盾起来：究竟是应该爱鸡多一点，还是爱虫子多一点呢？不知道，只好遥望着寒江的倚山阁，陷入沉思。

缚鸡行

小奴缚鸡向市卖，鸡被缚急相喧争。
家中厌鸡食虫蚁，不知鸡卖还遭烹。
虫鸡于人何厚薄，吾叱奴人解其缚。
鸡虫得失无了时，注目寒江倚山阁。

在夔州，杜甫生活得还算惬意。住的地方"茅栋盖一床，清池有馀花"。吃得也算凑合，"浊醪与脱粟，在眼无咨嗟"。景色好看，"石乱上云气，杉清延月华"。在战乱之时，有这样一个栖身之地已相当好了，"老于干戈际，宅幸蓬荜遮"。

住了不到两年，杜甫离开夔州，辗转江陵、公安。之后漂泊于岳阳、长沙、衡阳、耒阳之间，大部分时间都生活在船上，靠上山挖药换点小钱维持生活。艰苦的生活使他落下了一身病痛。饥寒交迫、战乱、逃难，任何人经历了这样的遭遇都容易消沉、一蹶不振，可杜甫没有倒下。在疾病缠身的情况下，他仍顽强地挣扎着，用手中的笔艰难写作。杜甫为后世留下了1 400多首诗，回望他多难的一生，这需要多大的毅力与勇气？

公元770年冬天，杜甫59岁。在一个凄冷的日子，杰出的诗圣，一生心系苍生的诗人，带着无尽的遗憾，在一条小船上告别了那个千疮百孔的时代。

杜甫
战地记者的日记

来自粉丝的敬意

大唐王朝给予杜甫的，除了饥饿和冷酷，就是排斥和屈辱。杜甫却以一把瘦骨、一支秃笔、一腔热肠，向苍凉的大地献上他火热的心！

杜甫，正是天空中那只阅尽人间沧桑的孤独沙鸥，盘旋着，飞舞着。他用尽所有气力，为我们衔来盛极而衰、繁华落尽的大唐最苍凉的画卷，为我们还原了历史真相，揭露了造成这一苦难的根源。他独自一人，在饥寒交迫中踽踽独行，以笔作枪，将一切深沉扫入诗集。他是一位伟大的现实主义诗人、时事批评家。他把曾经向往功名的那颗心，全都用来写诗，倾尽一生诉说人间疾苦。他是真正关心百姓安危，心系苍生疾苦的诗人。如果机会肯眷顾他，给他一个像样的官职，他一定是"鞠躬尽瘁，死而后已"，为苍生黎民流尽最后一滴血的那一个。正因为对百姓这样炙热的关注和牵挂，才为他赢来了无数粉丝，赢得了这个世界对他的普遍敬意。

在中国历代所有个人诗集中，被研究最多的就是《杜甫诗集》。光研究者的名字就能列出一大串。不用说后世，仅就同时代来看，深受杜甫影响的诗人就有白居易、元稹、李绅、张籍、韩愈、聂夷中、杜荀鹤、皮日休、罗隐等中晚唐诗人。杜诗中的人道主义精神，直接影响了白居易与王安石；杜诗中的爱国精神更是激励了一代代的爱国志士，李纲、陆游、顾炎武等都从杜甫身上找到了精神力量。

唐代张籍，就是写过"还君明珠双泪垂，恨不相逢未嫁时"那位，他自己的诗都受人极度追捧，他本人却还是像一个不谙世事的少年郎那样狂热地崇拜杜甫。到什么程度呢？《云仙杂记》记载：张籍为使自己能够像杜甫那样有才，不厌其烦地将杜甫的诗一首首抄在纸上，然后烧成灰后拌

99

着蜂蜜吃下。他信奉刘向说的"书犹药也，善读之可以医愚"，所以把"诗灰"当成药来吃，严格地定时定量，每天早上服，每次服三匙。最后是否治愈了他的灵感缺乏症不得而知，反正他吃了"诗灰"搓成的大补丸之后，诗写得是越来越好了。

杜甫的朋友任华与其分别之后，因为太想念，就写了一首杂言歌行体的诗歌，把杜甫捧到了天上："杜拾遗，知不知？昨日有人诵得数篇黄绢词，吾怪异奇特借问，果然称是杜二之所为。势攫虎豹，气腾蛟螭，沧海无风似鼓荡，华岳平地欲奔驰。曹刘俯仰惭大敌，沈谢逡巡称小儿……"

元稹也是杜甫的铁粉，他说："杜甫天材颇绝伦，每寻诗卷似情亲。怜渠直道当时语，不著心源傍古人。"说杜甫的天才令人折服，每次看到杜甫诗就跟见到亲人似的。为了抬高杜甫，他在《唐故工部员外郎杜君墓系铭并序》中，居然将李白好一顿贬。这样赤裸裸地表达爱慕，如果让李白的粉丝知道了，双方会否互殴都不好说。

至于到了宋代，那喜欢杜甫的人更是多了去了，尤其是文天祥。文天祥在抗元斗争失败后，被囚于元大都蒙古人的监狱里。苦闷之余，他开始读杜甫的诗集。年轻时，他对杜诗没感觉，此时却越读越喜欢。他觉得杜甫说的那些话正是自己想说的，杜甫仿佛和自己性情相通一般。就像我们读书爱抄名句那样，文天祥开始动手，把诗集中的五言绝句工工整整地抄在本子上，前后共抄了二百首。

杜甫在天上大概会很欣慰，这些人这么崇拜他，可见人心终是向上向善的。杜甫活着时，唯一崇拜的人就是李白。他光写给李白的诗就有四十多首，首首是佳作。"李白斗酒诗百篇，长安市上酒家眠。""近来海内为长句，汝与山东李白好。""南寻禹穴见李白，道甫问讯今何如。""故人入我梦，明我长相忆。"在《春日忆李白》中，他写道："白也诗无敌，飘然思不群。清新庾开府，俊逸鲍参军。渭北春天树，江东日暮云。何时一樽酒，重与细论文。"他无私地爱着李白，李白也爱护着他。可惜李白的爱不足以改变他的生活。粉丝的爱也没有改变杜甫分毫，那些关注都是出现在他身故之后。

  杜甫活着时，一生都遭受着穷愁悲苦的折磨。他在求职失败后，自始至终都向往着能够吃饱穿暖、一家人健健康康地活着。在自己房子遭遇破漏之后，他推己及人，想到了与自己同样身处穷困之中的苍生。他穷得只剩下了一支秃笔和一颗热心，可他用这仅有的一点点热量，虔诚地向上天祈祷：让普天下的穷苦人都能够体体面面地活着，有房住，有衣穿，有饭吃，有钱花吧。为此，他竟然诅咒式地表示："吾庐独破受冻死亦足！"这是真正经历苦难、真正心系苍生的人才会发出来的呐喊。

  正是基于这样的胸怀，他才主动担当，用大气磅礴、苍劲有力和疾恶如仇的文笔，揭露了朝廷的腐败和社会的黑暗，真实地描绘了当盛唐落下帷幕时，那种急剧变化之后的种种不堪。他使诗歌走向现实，走向普通大众，成为时代的镜子。

  关注苍生的大爱是一个人最高贵的情感。正是这种大爱，才给杜甫的每一篇作品都注入了灵魂和血肉，使他的人格走向丰满、走向圣洁。

薛涛

靠诗歌赢得官名的奇女子

唐代最出名的女诗人有四位，分别是李冶、鱼玄机、薛涛、刘采春。其中诗写得最好的是薛涛，经历最奇特、最曲折的也是薛涛。本来以诗留名的女诗人，史上就不多，而因一手好诗与官场结缘的女诗人，更可谓少之又少，甚至根本就是一片空白。这个空白愣是让薛涛给填补了。成也诗歌，败也诗歌。薛涛的命运，因诗而大红大紫，也因诗而堕入深渊，起起伏伏，兜兜转转……精彩中有辛酸，困惑中也有快乐！因为才华，因为诗，她被记载于书的故事，有如传奇一般精彩。

薛涛
靠诗歌赢得官名的奇女子

在泥淖里周旋

在男权社会里，薛涛居然有字，非常罕见。她的字是洪度，很男性。她的出生地是西安——一个人才辈出的地方。史书上说，薛涛"姿容美艳，生性敏慧，八岁能诗，洞晓音律，多才艺"。这样一个聪明漂亮伶俐有才的小女孩儿，如果生活顺风顺水，那估计也没有多少人对她的故事感兴趣：无非是嫁了一个好老公，或者进了豪门，从此过上了贵妇的生活。

薛涛的父亲在四川做官，她因此受到了很好的教育，从小就很有才情。薛涛8岁的时候，她的父亲看着院中的古树，忽然诗兴大发，喊了一句"庭除一古桐，耸干入云中"，喊完却怎么也想不出下句。这时，薛涛慢悠悠地接了"枝迎南北鸟，叶送往来风"一句，父亲不禁对她刮目相看。

古代家庭都是以男子为主，如果顶梁柱死了，这个家也就败落了。很不幸，薛涛16岁时，她的家垮掉了，她的生活开始从丰富多彩、幸福快乐变成了艰难困苦、飘零动荡。好在她长得好，才华也好，名声在外，这才使她不必日日断肠、时时愁眉。在古代，相貌和才华如若得不到外界认可，那对生活的改善是没有一点帮助的。

薛涛的命运是与一个官员发生了交集后被彻底改变的。那个时代，诗歌主要在上流社会广泛流传，是官员娱乐的手段，那些戴着诗人桂冠的官员最爱干的事就是举行大型诗歌派对。公元785年，大诗人韦皋主持四川工作，他听说一个叫薛涛的女子诗写得不错，便唤她来赋诗饮酒。才貌双全的薛涛在一众中年油腻男当中，一举一动都是新闻。薛涛当场写下一首《谒巫山庙》：

乱猿啼处访高唐，路入烟霞草木香。

山色未能忘宋玉，水声犹是哭襄王。

朝朝夜夜阳台下，为雨为云楚国亡。

惆怅庙前多少柳，春来空斗画眉长。

笔一放下，现场就爆发出热烈的掌声。薛涛分分钟靠才华成为了网红。不过，那时候再红的网红也没有太好的出路，绕来绕去总也绕不开娱乐圈儿这个圈。在众人的撺掇下，生活无着的薛涛正式加入了乐籍，成了一名官家歌伎。史载：在袁滋、刘辟、高崇文、武元衡、李夷简、王播、段文昌、杜元颖、郭钊、李德裕这些人相继管理四川时，薛涛都曾以歌伎兼清客的身份出入他们的幕府。

从小就沉浸于读书、写诗的才女，为了讨生活，一下子成了歌女，虽然从此生活有了保障，但这对心存高远的才女来说并不是值得高兴的事。艰难的生活让薛涛养成了坚强不屈、高傲冷艳、外冷内热的性格。她将心里的失落藏起来，周旋在官员与诗人中间。韦皋非常欣赏她有主见、有思想，性格又爽利，索性把她当成了秘书，让她参与大量的公文处理。这些事对于薛涛来讲一点也不难，她干得得心应手。因为身处官场，她接触的对象除了官员就是诗人。与她来往的男子皆是当时的社会精英：元稹、白居易、张籍、王建、刘禹锡、杜牧、张祜……光这份名单，就可知薛涛绝不是寻常的小女人。这是很不简单的。那时的很多女子连闺房都没走出一步，而薛涛就已经以自己的才情和见识，在男人当道的官场和文坛谋得了一席之位，并留下了深深的足迹。

诗人王建有这样一首诗《寄蜀中薛涛校书》：

万里桥边女校书，枇杷花里闭门居。

扫眉才子知多少，管领春风总不如。

诗中记载的是一个颇让奋斗者振奋的故事。因为薛涛出众的才情，她的人生很快就出现了高峰：韦皋正式向朝廷举荐薛涛，让她担任校书郎（国家图书管理员）一职，官阶九品。这可是开了历史先河！历史上，还从没有任何一位女子在无背景、无靠山的情况下，仅靠才华而受人举荐做官的。不过，朝廷很保守，没有同意。虽然事情没促成，但女校书的名声传得是四野八荒都知道了。从此，人们都以女校书来称呼薛涛。

扼住命运的咽喉

也许人性都逃不过位高得意、恃宠而骄的规律，也许是因为身在其位身不由己，自从和韦皋在一起后，加之自己在韦府当幕僚的身份，薛涛身边总是围满了各种巴结者。这些人都有求于韦皋，为了好办事，纷纷走"秘书"路线，大肆向薛涛行贿。也许薛涛很享受那种被包围的感觉吧，她没能把持住自己，对前来送礼者来者不拒。不过，她自己并不贪，坦荡荡地把收受的钱物全部上交给了韦皋。即使这样，韦皋还是有了疑心，也觉得自己的权威被冒犯了。

加上韦皋毕竟年岁大出薛涛20多岁，对于年轻的薛涛与那些年轻名流打得火热，心里多少也有些嫉妒，时间久了积怨愈深。一次，薛涛在宴会上酒醉争掷注子，误伤了韦皋哥哥的孩子。韦皋就以薛涛受贿这一条，给了她一个下马威：我能用你、提拔你，也能贬你、处理你。他将薛涛贬到了松州，身份由官伎变成了营伎。

松州人烟稀少，闭塞落后，加之兵荒马乱，是被人间遗忘的蛮荒之地。这让薛涛痛彻心扉，幡然醒悟：此前在韦府的觥筹交错都是幻影，她只是依附于韦皋身边的一条藤蔓，无法独立地挺立、绽放。她收起骄傲，

强忍委屈，一口气写下了《十离诗》。

《犬离主》：驯扰朱门四五年，毛香足净主人怜。无端咬着亲情客，不得红丝毯上眠。

《笔离手》：越管宣毫始称情，红笺纸上撒花琼。都缘用久锋头尽，不得羲之手里擎。

《马离厩》：雪耳红毛浅碧蹄，追风曾到日东西。为惊玉貌郎君坠，不得华轩更一嘶。

《鹦鹉离笼》：陇西独处一孤身，飞去飞来上锦茵。都缘出语无方便，不得笼中更换人。

《燕离巢》：出入朱门未忍抛，主人常爱语交交。衔泥秽污珊瑚枕，不得梁间更垒巢。

《珠离掌》：皎洁圆明内外通，清光似照水晶宫。只缘一点玷相秽，不得终宵在掌中。

《鱼离池》：跳跃深池四五秋，常摇朱尾弄纶钩。无端摆断芙蓉朵，不得清波更一游。

《鹰离鞲》：爪利如锋眼似铃，平原捉兔称高情。无端窜向青云外，不得君王臂上擎。

《竹离亭》：蓊郁新栽四五行，常将劲节负秋霜。为缘春笋钻墙破，不得垂阴覆玉堂。

《镜离台》：铸泻黄金镜始开，初生三五月裴回。为遭无限尘蒙蔽，不得华堂上玉台。

她用《十离诗》表达了脱离依附的悲惨。这十首诗很快就传到了韦皋耳中，爱才的人多感性大于理性，他读了这《十离诗》后不禁失声叫好。当他读到薛涛在前去松州路上写下的《筹边楼》时，更是被她的思想深度和关怀现实的情怀感动不已。"平临云鸟八窗秋，壮压西川十四州。诸将莫贪羌族马，最高层处见边头。"显然，女诗人对边关的风土人情、兵家常识了然于胸。接着，韦皋又读到了：

罚赴边有怀上韦令公

其一：闻道边城苦，今来到始知。羞将门下曲，唱与陇头儿。

其二：黠虏犹违命，烽烟直北愁。却教严谴妾，不敢向松州。

意思为：曾经听说边城生活苦，今天到这里才亲身得知。我羞愧于吟唱这门下曲，来面对那戍守边城的将士。可恨吐蕃狂虏还违抗君命，北侵内地，燃起烽烟，令人忧愁。却让我遭到严厉的责罚，我满心畏惧不敢到贬所松州。

韦皋也是一个真性情的人，这样的才女，怎么忍心让她在苦寒边陲浪费青春？一道命令，即刻将她召回成都。

经历了这件事，20岁的薛涛对生活的真面目有了更深的认识。只有将命运放在自己手中，扼住命运的咽喉，才能掌控自己的路。她开始非常努力地赚钱攒钱。靠着那些官员的打赏，她省吃俭用，用了几年时间，终于攒够了摆脱乐籍赎身的钱，然后毫不犹豫地转身，恢复了自由。她没有像一般女伎那样，傍一靠山，嫁作人妇，而是退隐于西郊浣花溪，买了一处宅子，过着独立自由的生活，成为受尊重的文人。此后，薛涛依然受邀出入韦府，与韦皋以兄妹相称，直到公元805年韦皋不幸暴卒。此时，薛涛已经38岁了。薛涛虽生活不幸，但机遇还是不错的，在对的时候遇到了对的人。是韦皋的欣赏，让她得以在幕府当差；是韦皋的欣赏，让她的阅历越来越丰厚，间接促进了其作品的力度。

与元稹的恩恩怨怨

后来,薛涛又遇到了一个人。前一个人改变了她的人生际遇,这一个人则改变了她的情感走向,给她的精神世界添上了浓墨重彩的一笔,影响了女诗人的后半生。

公元 809 年,元稹出任中央御史台监察御史,奉命出使地方。他心里最想见的就是久闻其名的女诗人薛涛。元稹时年 31 岁,早已结婚成家。薛涛时年 42 岁,独自生活。她以前有个同事叫严绶,此人为了讨好元稹,找了个机会让薛涛主动去找元稹。不管什么时候,才华都有拉近距离的作用。这素无交集的两个人乍一见,便省略了一切过程,疯狂上演了姐弟恋。薛涛虽已步入中年,还是如飞蛾扑火一般彻底沦陷。她写下《池上双鸟》,表达自己陷入爱河的心情:

双栖绿池上,朝暮共飞还。
更忆将雏日,同心莲叶间。

这时的薛涛已不是那个果断干练的女校书,而是小鸟依人、万般柔情的小女子。两人在蜀山青州租房同居,过了一段无忧无虑的快乐日子。三个月后,元稹被调回了京城,两人就此分别。薛涛无奈,只好作《送友人》:

水国蒹葭夜有霜,月寒山色共苍苍。
谁言千里自今夕,离梦杳如关塞长。

沉浸于爱情中的女子全都充满幻想和创造力。元稹走了，但他的誓言还在，他的情书还在，他留下的物件还在。薛涛开始疯狂地想念，无数诗歌喷涌而出。她最爱写四言绝句，律诗常常只写八句。写得多了，便显出了纸张的弊端：那时纸张的尺幅太大，一首精美的小诗放在上面，常常有小题大做之感。那么多的留白，仿佛预示着这段感情有无数的漏洞，这感觉不好。美丽的诗要配上剪裁得当的纸笺，不大不小，温馨浪漫，精致清雅，那才是极好的。

薛涛喜欢一切带红颜色的东西。她常常穿着红衫，看着身旁红艳艳的芙蓉花，陶醉于无边春色中。某日，她忽然灵感一闪：写情诗的纸笺，底色应该是红的，预示着他们的感情炽热似火，预示着爱情的底色永远浓烈。说干就干。薛涛居住在浣花溪畔，那里是当时四川造纸业的中心之一，有着得天独厚的条件。于是，她亲自指点工匠，把传统的纸张改小尺寸，做成规格大小一样的小笺。然后，她又反复试验，发明出一套独特的染色技法，能染出深红、粉红、明黄等十种颜色，这就是"十样蛮笺"的来历。这不是普通的信笺，而是专门用于写诗的诗笺。这种色彩明丽的小巧诗笺既便于携带又便于交流，融入了薛涛的个人情感，后人称它为"薛涛笺"。

有了这样的诗笺，薛涛的诗写得更勤了。可惜，感情的事似乎从来没有对等。薛涛的思念有如大江大河，日夜澎湃；而元稹的回应则是沉默的死水，无声无息。他像人间蒸发一样，消失得无影无踪。

原来，元稹被召回京后便被派往外地公干。这期间，他的妻子韦氏去世，纳的妾也死了。之后，元稹又被贬江陵。得知元稹的不幸遭遇，薛涛即刻就踏上了去往江陵的路，根本不考虑山高路远会是怎样的煎熬，只想着不能被动地等待，不管什么样的结局，都要去试一试。

果真是相见不如怀念。当她风尘仆仆地出现在元稹面前时，他那平静如水的态度验证了一切都是一厢情愿。薛涛隐隐地感到元稹似乎有什么难言之隐。也没什么好说的，她只好带着失望和落寞回到成都，从此一心一

意等待来自江陵的消息，等待元稹回心转意。

一个人安静地盛开

元稹继江陵、通州贬谪后，又娶了世族之女裴淑，并于公元 821 年入翰林为中书舍人承旨学士。春风得意之际，元稹总算良心发现，想起了薛涛，写了一首诗寄了去。

寄赠薛涛

锦江滑腻峨眉秀，幻出文君及薛涛。
言语巧偷鹦鹉舌，文章分得凤凰毛。
纷纷辞客多停笔，个个君侯欲梦刀。
别后相思隔烟水，菖蒲花发五云高。

薛涛看后，心里五味杂陈，回了一首：

寄旧诗与元微之

诗篇调态人皆有，细腻风光我独知。
月下咏花怜暗澹，雨朝题柳为欹垂。
长教碧玉藏深处，总向红笺写自随。
老大不能收拾得，与君开似教男儿。

元稹在高位上没有待多久，即卷入了复杂尖锐的政治斗争中，被去职，然后又升职，总之是在得意和失意间来回穿梭。当陷在失落里无力自拔时，他曾想去找薛涛重续前缘，结果半路又遇到了浙东名妓刘采春。刘采春年轻貌美，也会写诗。元稹立刻把薛涛又抛到了脑后，对刘采春大献殷勤。元稹的好朋友白居易知道薛涛一直在苦苦等着元稹，他实在看不惯元稹的朝三暮四，给薛涛寄了一首诗，友情提醒："蛾眉山势接云霓，欲逐刘郎北路迷。若似剡中容易到，春风犹隔武陵溪。"他劝薛涛死心，明确告知：你和元稹不可能有结果。薛涛在听说了元稹那些艳遇的桥段后，总算明白了：自己这样一个孤苦无依、没钱没人脉的女子，能给热心功名的元稹带来什么益处呢？感情，从来都不是元稹这类人的终极目标，那只是他们在利益博弈之外的偶然插曲而已。元稹能负了崔莺莺，自然也能负自己。所有的美好不过是自己的多情，所有的热望不过是自己的幻想。

薛涛收起眼泪，写下了《牡丹》：

去春零落暮春时，泪湿红笺怨别离。
常恐便同巫峡散，因何重有武陵期。
传情每向馨香得，不语还应彼此知。
只欲栏边安枕席，夜深闲共说相思。

之后又写下《春望词四首》。

一：花开不同赏，花落不同悲。欲问相思处，花开花落时。
二：揽草结同心，将以遗知音。春愁正断绝，春鸟复哀吟。
三：风花日将老，佳期犹渺渺。不结同心人，空结同心草。
四：那堪花满枝，翻作两相思。玉箸垂朝镜，春风知不知。

阅人无数的女诗人，果断收起相思，不再把自己交付往事和幻想。作为一介女子，薛涛在官场待过，在上流社会也混过。辉煌过，落寞过，爱

过,也恨过。作为一个失去了父母的孤女,虽然命运有点坎坷,但这世界对她终究还是不薄的。哭哭啼啼不是她的风格,悲悲切切也不是她想要的生活,幸好还有诗,而余生有诗已足够了。

　　自此,薛涛定居浣花溪,常常身着一副女道士装束。在宁静清幽的生活中,她与书法和诗歌相伴:不空洞,不争吵,做一个博学和丰盈的女子。在这种淡淡的不计较之中,薛涛的才华日臻圆润。时人评价她的书法"无女子气,其行书妙处,颇得王羲之神韵"。她的诗也如此,相当有深度、有力度。明代文学家胡震亨评价薛涛的诗:"薛工绝句,无雌声",也就是说她的诗没有小女子之态,少矫揉造作。

　　薛涛终身未嫁,在优雅中从容老去,活到了64岁。

有志青年缘何成了享乐官员

白居易

命运到底是什么呢?性格会决定它,阅历会影响它,时代的变迁也会波及它。大诗人白居易的前半生和后半生截然不同:青年时,他相思成疾,步入职场后兼济天下;中年以后,当无数的波折和意外降临,他毅然决然地做了那个识时务的俊杰,放弃了当初的火热理想,成了独善其身的享乐者。

白居易

有志青年缘何成了享乐官员

一首小诗打脸文坛大咖

白居易出生时，正逢"安史之乱"后藩镇割据的乱局。迫于现实，一家人只能分开，分别居住在五个不同的地方。虽然生活穷困潦倒，白居易依然受到了很好的教育，他3岁识字，5岁学诗，10岁左右已是文采斐然。他在给好朋友元稹的信中，回忆了自己的学习生涯：我白天写诗，晚上习经，经常彻夜研读，遇到不懂的问题就心急火燎，嘴都起了泡，不弄明白绝不罢休。因为长期伏案，手肘磨出了老茧；因用脑过度，熬白了少年头……

没有白白的付出，曾经的汗水为日后的白居易换来了"诗王"和"诗魔"之称。其诗不仅风靡文化圈，传遍草根层，在国外也大有市场。这是天赋和用功相辅相成的结果。他15岁时就写下了情真意切的《望月有感》：

> 时难年荒世业空，弟兄羁旅各西东。
> 田园寥落干戈后，骨肉流离道路中。
> 吊影分为千里雁，辞根散作九秋蓬。
> 共看明月应垂泪，一夜乡心五处同。

河南战乱，弟妹分散，思念满满，他望月伤感。

16岁时，那首风靡大江南北的《赋得古原草送别》在他手里诞生了：

> 离离原上草，一岁一枯荣。

野火烧不尽，春风吹又生。

远芳侵古道，晴翠接荒城。

又送王孙去，萋萋满别情。

关于这首诗的著名桥段就是它以极其耀眼的光芒深深挫败了一个大人物的傲气，从而使这个段子在长安诗坛经久流传。长安城的大文学家顾况是诗界权威，当时的人普遍认为，如果能得到他的肯定和提携，前途就有了希望。白居易也不例外，他拿着诗去拜访顾况，刚递上诗卷时，老先生眼皮都没抬，而是看着"白居易"的名字摇头晃脑地整出一句："京城物价高得很呀，想白住长安可没那么容易！"说完心不在焉地翻开诗卷。当读到"野火烧不尽，春风吹又生"时，顾况两眼放光，嘴角上扬："有此等诗才，定居长安也不是不可能！"得到了老顾肯定，那自然是相当于镀了真金。白居易靠一首诗在京城一炮打响，诗名渐渐传播开来。他相继游走于长安、徐州、襄州、杭州等地，开始了行万里路的生涯。

人生若只如初见

在徐州时，19岁的白居易认识了貌美聪慧的邻家女孩儿、时年15岁的湘灵。这个女孩儿就像前世的幽梦一样，从此走进了他内心最深处，让他相思了一辈子、痛苦了一辈子。白居易为她写下了无数情诗。

邻女

娉娉十五胜天仙，白日姮娥旱地莲。

何处闲教鹦鹉语，碧纱窗下绣床前。

白居易
有志青年缘何成了享乐官员

初见面那份美好，让白居易的笔好长时间都只为湘灵而歌。

人有了心仪对象之后，最迫切的事莫过于有份生计。27岁这一年，白居易去找叔叔谋求出路，一路上为湘灵写下了三首诗。

寄湘灵

泪眼凌寒冻不流，每经高处即回头。

遥知别后西楼上，应凭栏干独自愁。

寒闺夜

夜半衾裯冷，孤眠懒未能。

笼香销尽火，巾泪滴成冰。

为惜影相伴，通宵不灭灯。

长相思

汴水流，泗水流，流到瓜州古渡头。吴山点点愁。

思悠悠，恨悠悠，恨到归时方始休。月明人倚楼。

在叔叔季康的引见下，白居易拜见了宣州观察使崔衍，于当年秋天参加了乡试，之后又前往长安应试，以第四名的优异成绩高中进士，在同时中举的17人中年龄最小。这是除了思念湘灵之外最值得高兴的事，他有点小得意，自题"慈恩塔下题名处，十七人中最少年"。榜上有名就意味着工作有了着落。工作有了，另一件人生大事——婚姻也就可以提上议事日程了。同龄人的二胎都能打酱油了，可白居易的心只为湘灵等待。他向母亲坦白要娶湘灵，母亲当即瞪眼，以门不当户不对为由一口拒绝。

公元804年，白居易官至校书郎，需要把家迁往长安。临行前，他再次恳求母亲带上湘灵。门第观念大过天的老太太一声怒吼，下令从此不许他和湘灵往来。白居易一下子掉进了痛苦的沼泽。他23岁时父亲就已过世，母亲含辛茹苦地生活，他不想违拗她。湘灵是今生最爱，非她不娶。可他

又实在没有勇气冲破封建等级观念，也没有勇气公然与母亲决裂。他只能背着母亲偷偷和湘灵约会。每次分别，自责、痛苦就轮番折磨，孕育出很多苦情诗。

冬至夜怀湘灵

艳质无由见，寒衾不可亲。
何堪最长夜，俱作独眠人。

感秋寄远

惆怅时节晚，两情千里同。
离忧不散处，庭树正秋风。
燕影动归翼，蕙香销故丛。
佳期与芳岁，牢落两成空。

寄远

欲忘忘未得，欲去去无由。
两腋不生翅，二毛空满头。
坐看新落叶，行上最高楼。
暝色无边际，茫茫尽眼愁。

在母亲的严厉监管下，白居易已有八年没见过湘灵了。他消极反抗，始终以高龄单身狗的状态表达着对母亲的不满。

公元806年，白居易在陕西的县城任县尉，当地人贫困的生活让他触景生情，不禁想起了自己小时候那些艰难的日子。朴实的农人日日劳作，生活却仍是捉襟见肘，而自己不事劳动，却拿着不菲的工资，这让他心生惭愧。

观刈麦

田家少闲月，五月人倍忙。夜来南风起，小麦覆陇黄。
妇姑荷箪食，童稚携壶浆，相随饷田去，丁壮在南冈。
足蒸暑土气，背灼炎天光，力尽不知热，但惜夏日长。
复有贫妇人，抱子在其旁，右手秉遗穗，左臂悬敝筐。
听其相顾言，闻者为悲伤。家田输税尽，拾此充饥肠。
今我何功德，曾不事农桑。吏禄三百石，岁晏有余粮。
念此私自愧，尽日不能忘。

公元808年，江南大部和长安周边遭遇严重旱灾，农民的日子更难过了。贪官污吏们并没有缩回黑手，依然吃拿卡要，根本不管百姓死活。时任左拾遗的白居易坐不住了，他与一些正直的大臣联名上书请求宪宗"减免租税"，"以实惠及人"。虽然"帝心恻隐"，但除了下罪己诏、免除赋税之外，对官吏们的不作为束手无策。白居易满怀激愤地写下了《杜陵叟》：

杜陵叟，杜陵居，岁种薄田一顷余。
三月无雨旱风起，麦苗不秀多黄死。
九月降霜秋早寒，禾穗未熟皆青乾。
长吏明知不申破，急敛暴征求考课。
典桑卖地纳官租，明年衣食将何如？
　　剥我身上帛，夺我口中粟。
虐人害物即豺狼，何必钩爪锯牙食人肉？
不知何人奏皇帝，帝心恻隐知人弊。
白麻纸上书德音，京畿尽放今年税。
昨日里胥方到门，手持敕牒牓乡村。
十家租税九家毕，虚受吾君蠲免恩。

白居易痛斥了各级官吏在大荒之年不顾百姓死活、搜刮民脂民膏的无情丑行。虽然皇帝已下诏免除赋税，但官吏们不肯照章办事。诗人怀着"伤农夫之困"的心情，却也无可奈何。

同情农民，更思念湘灵。为了摆脱思念的噬咬，白居易和好友王质夫、陈鸿同游马嵬坡附近的仙游寺。大家说起玄宗与贵妃的故事，有感而发。王质夫对白居易说："迎合世俗的事，如果没有超众的才能加以润色加工，就会随着时间的流逝而消失。乐天你善于作诗，又多情，不如把这件事写出来如何？"他的一番话让白居易心有所动。如果能借唐玄宗与杨玉环的爱情抒发一下自己的心情，排解一下郁闷也好。白居易结合玄宗与贵妃的故事，穿插着自己对湘灵的思念，以及对现实等级观念的痛恨，将皇帝的爱情悲剧一气呵成。因为体会过刻骨相思，有亲身感受，当840字的《长恨歌》一问世，迅即传遍天下！人们谈它唱它，疯狂追捧："童子解吟长恨曲，胡儿能唱琵琶篇。"有谁知道，诗中的恨是白居易的恨，相思更有他的相思。诗中的杨贵妃有湘灵的影子，"在天愿作比翼鸟，在地愿为连理枝。天长地久有时尽，此恨绵绵无绝期"。写完《长恨歌》，白居易仿佛被抽走了魂魄，很长时间都缓不过来。他希望玄宗能找到贵妃，那是他希望自己能找到湘灵啊。正因真情实感，《长恨歌》才那么感人。为了湘灵，自己蹉跎成了中年人。问江问海，谁能回答？

浪淘沙

借问江潮与海水，何似君情与妾心？

相恨不如潮有信，相思始觉海非深。

正当白居易好不容易利用工作机会，兴冲冲地私寻湘灵时，却得知她已经搬走了。白居易急火攻心，本就少白头，这下又白了几缕……"生离别，生离别。忧从中来无断绝。忧极心劳血气衰，未年三十生白发。"此后，母亲以死逼婚。37岁的白居易终拗不过母亲的强势，违心地娶了同僚杨汝士的妹妹。可娶了别人，心里住的还是湘灵。当相思成灾，唯有诗可慰心！

夜雨

我有所念人，隔在远远乡。

我有所感事，结在深深肠。

乡远去不得，无日不瞻望。

肠深解不得，无夕不思量。

况此残灯夜，独宿在空堂。

秋天殊未晓，风雨正苍苍。

不学头陀法，前心安可忘。

不敢闲，一闲下来眼前全是湘灵。唯有出走才能缓解那长河一样的情思。

因为悲伤，所以同情

因为悲伤，白居易一直闷闷不乐。他来到集市，看到一个老者拉着满满一车炭，却被宫里的太监"抢"走了。白居易悲愤难抑，写下了百姓之歌《卖炭翁》：

卖炭翁，伐薪烧炭南山中。

满面尘灰烟火色，两鬓苍苍十指黑。

卖炭得钱何所营？身上衣裳口中食。

可怜身上衣正单，心忧炭贱愿天寒。

夜来城外一尺雪，晓驾炭车辗冰辙。

牛困人饥日已高，市南门外泥中歇。

翩翩两骑来是谁？黄衣使者白衫儿。

手把文书口称敕，回车叱牛牵向北。

一车炭，千余斤，宫使驱将惜不得。

半匹红绡一丈绫，系向牛头充炭直。

　　老翁在深山老林里披星戴月，好不容易砍了一车柴，烧成炭，天知道流了多少汗、受了多少累。满以为这车炭能换来身上衣衫、口中食粮，不料却被宫里的太监以"半匹红绡一丈绫"为代价"抢"去了。"半匹红绡一丈绫"很难变现流通，换成生活所需，老翁怎能不哭？那踉踉跄跄的背影深深地刺痛了白居易。他不由地感叹：宫市宫市，特权的产物啊！

　　宫市是专供皇室采购的市场。虽然朝廷规定"其所市易，并须先给付价钱。如有妄配百姓，买物不给价钱，官吏等并准此同枉法赃例处分"，但规定从来就拗不过人定。宫里的太监虽地位低下，可狐假虎威呀，替皇上采办物资还给钱？"半匹红绡一丈绫"的事情每天都在发生。

重赋（节选）

厚地植桑麻，所要济生民。

生民理布帛，所求活一身。

身外充征赋，上以奉君亲。

国家定两税，本意在忧人。

厥初防其淫，明敕内外臣：

税外加一物，皆以枉法论。

奈何岁月久，贪吏得因循。

> 浚我以求宠，敛索无冬春。
> 织绢未成匹，缲丝未盈斤。
> 里胥迫我纳，不许暂逡巡。

蚕茧缲出的丝还不满一斤，丝织的绢还没有成匹，小吏就来催税了！

红线毯是宣州（今安徽省宣城县）特产，是一种丝织地毯。宣州官员为求得加官晋爵，拼命压榨百姓上贡，谁管织工的艰辛？

红线毯

> 红线毯，择茧缲丝清水煮，拣丝练线红蓝染。
> 染为红线红于蓝，织作披香殿上毯。
> 披香殿广十丈馀，红线织成可殿铺。
> 彩丝茸茸香拂拂，线软花虚不胜物。
> 美人踏上歌舞来，罗袜绣鞋随步没。
> 太原毯涩毳缕硬，蜀都褥薄锦花冷。
> 不如此毯温且柔，年年十月来宣州。
> 宣城太守加样织，自谓为臣能竭力。
> 百夫同担进宫中，线厚丝多卷不得。
> 宣城太守知不知，一丈毯，千两丝！
> 地不知寒人要暖，少夺人衣作地衣。

织一丈毯要经过无数道工序，耗费千两丝线，费心费力织出来的毯子太厚，没法卷起，又要花费千百个劳力一路抬着入京。而皇宫的人只是把它踩在脚下，在上面跳舞宴饮。白居易痛心疾首。普通人的命运操控在权势者手里，像木偶一样身不由己。

白居易写平民，写官场，对嚣张跋扈的宦官也有揭露。

轻肥

意气骄满路,鞍马光照尘。

借问何为者,人称是内臣。

朱绂皆大夫,紫绶悉将军。

夸赴军中宴,走马去如云。

樽罍溢九酝,水陆罗八珍。

果擘洞庭橘,脍切天池鳞。

食饱心自若,酒酣气益振。

是岁江南旱,衢州人食人!

当时,宦官权势熏天,染指朝政,擅权横行。他们的势力凌驾于皇权之上,任意胡为的行径连其他权贵都看不下去了,纷纷要求政治革新,以巩固唐朝皇室的统治地位。在这种氛围下,敏感的白居易意识到,诗歌应该在"补察时政,泄导人情"方面发挥出它应有的作用。以前的《诗经》、汉魏乐府都能够在这方面做出表率,现在为什么不能诞生一种新乐府呢?用新题写时事,不以入乐为标准。自他提出这个主张,元稹、张籍、王建、李绅等诗人热烈响应,给诗坛刮进了一股猛烈的春风,使这一伟大的文学运动取得了巨大的成就。尤其是白居易的纪实作品,语言平实易懂,浅近易学,题材广泛。他是继杜甫之后又一杰出的纪实诗家,作品流传于社会的各个阶层,深受人们喜爱,以至于"二十年间,禁省、观寺、邮候、墙壁之上无不书,王公、妾妇、牛童、马走之口无不道",且蜚声国际,在今天的朝鲜、日本、越南等地广为流传,有些国外使节甚至不惜花费重金购买白居易的诗作。元稹说:"自篇章以来,未有如是流传之广者。"

贬谪导致性情转变

白居易的心情虽然一直不太美丽，但职业生涯却是一路上扬。他始终没忘自己的政治理想：做官为百姓，本心慰苍生。

白居易生活在唐朝的衰落时期，军阀割据、政局动荡，旱涝灾害是常态。在这种情况下，国库里的银子日渐减少。他怀着深深的忧虑，上书建议皇帝遣散部分宫女，一可缩减开支，二可让宫女们过上新的生活。这个提议于公当然是为天下计，于私相当于干预了皇帝的私生活。

白居易44岁这一年，朝廷突然发生了一件大事。宰相武元衡和御史中丞（相当于最高检察院副检察长）裴度在上早朝时遭人暗杀，武元衡当场身死，裴度受了重伤。如此大案，掌权的宦官集团和主要部门居然没有任何动作。大家都知道事有蹊跷，但谁也不作声。白居易出于正直义愤，上书皇帝，力主严缉凶手，以肃法纪。这下捅了娄子。宰相张弘靖等人说他抢在谏官之前议论朝政，别有用心，手伸得太长，是僭越行为，怂恿皇帝将他贬谪为江州刺史。之后，有人落井下石说他不孝，又降了一级，被贬为江州司马。白居易这事的确做得有些冲动，因为他并非谏官，这样做等于触犯了官场潜规则。白居易的抗挫折力本来就不强，不是能够坚强到底的人，从湘灵一事就已经能看出苗头。经历这事之后，他心里的热情被浇灭，视仕途如畏途："面上灭除忧喜色，胸中消尽是非心。"

公元815年，白居易携家眷前往被贬之地江州，途中竟奇迹般地遇见了湘灵父女。激动的白居易与湘灵抱头痛哭。

逢旧

其一：我梳白发添新恨，君扫青蛾减旧容。应被傍人怪惆怅，少年离别老相逢。

其二：久别偶相逢，俱疑是梦中。即今欢乐事，放盏又成空。

碍于夫人在前，两人克制地倾诉了相思之苦后，只能依依不舍地分别。从此，二人终生没有再见，持续30多年的相恋彻底结束。湘灵终身未婚，一个人孤独终老。

夫妻二人走走停停，终于来到了江州。一个风雨飘摇的夜晚，白居易边读书边看看眼前的一切：床上堆着破旧的被褥；昏黄的灯光下，孩子们闹着不肯睡，妻子在一旁缝补衣衫。这一切让诗人有些难过。

赠内子

白发长兴叹，青娥亦伴愁。
寒衣补灯下，小女戏床头。
暗淡屏帏故，凄凉枕席秋。
贫中有等级，犹胜嫁黔娄。

没有希望，失魂落魄，这种日子让白居易不胜其烦。那么刻骨铭心地思念湘灵，可命运让他们无情错过；那么心忧天下地想干实事，却遭此重挫；那么义愤填膺地主持正义，可竟然遭到贬谪。

白居易把贬谪一事看得太重了，放大了心里的苦。不知是受伤太重还是大彻大悟，总之贬谪这件事让白居易变成了另外一个人。他的处世方向由之前的心系苍生变成了安时顺命、明哲保身、纵情享乐。这些成为白居易中年以后的生存准则。

白居易
有志青年缘何成了享乐官员

一曲琵琶弹出千古佳作

　　公元816年深秋，白居易到浔阳送朋友，正在江边客船上喝着告别的老酒，忽然耳边传来琵琶声。依声寻找，发现弹琵琶的是另一条船上的女子，遂邀请女子又弹了几曲。白居易同琵琶女攀谈后，其悲惨的身世引起了诗人的共鸣，他取出纸笔写了起来："浔阳江头夜送客，枫叶荻花秋瑟瑟。主人下马客在船，举酒欲饮无管弦。醉不成欢惨将别，别时茫茫江浸月。忽闻水上琵琶声，主人忘归客不发。寻声暗问弹者谁，琵琶声停欲语迟。移船相近邀相见，添酒回灯重开宴。千呼万唤始出来，犹抱琵琶半遮面……"写完后，他把这首《琵琶行》双手呈给琵琶女，请求她照词再弹一首。琵琶女欣然应允，那娴熟的琴艺完全将白居易征服了。一曲弹罢，诗人已是泪流满面。相似的际遇，悲凉的心绪，碰撞出了"同是天涯沦落人，相逢何必曾相识"这千古绝句！这首依据真实故事创作的长诗，情节曲折，波澜起伏。诗一问世，无论在当时还是后世，都获得了超高的评价，是继《长恨歌》《卖炭翁》等作品后的又一首长诗力作。

　　白居易不愿终日陷在伤感里，开始用游山玩水消解被贬的苦闷。公元817年初夏，白居易来到了江州（今江西九江）庐山上的大林寺。当时，山下繁花已尽，山寺桃花却昂扬怒放。突如其来的艳遇让诗人激动莫名，之前的阴郁一扫而空。

大林寺桃花

　　人间四月芳菲尽，山寺桃花始盛开。

　　长恨春归无觅处，不知转入此中来。

唐诗背后
那些有趣的灵魂

　　此诗构思巧妙，趣味横生，将那种原来"多情的春藏在这里"的惊喜表达得精准且传神！在游走中，白居易很享受不问官事的清闲，索性做起了"隐吏"，在庐山建起香炉草堂，与僧人谈经论道，和友人畅游名山。他不像李白，有山川河流、美酒朗月相伴就够了。大自然虽是气象万千，但并不能填满他那颗敏感多情的心。相对来说，白居易更喜欢在勾栏瓦舍、金樽美酒、美女佳人、夜夜笙歌中放飞自我。"心泰身宁是归处，故乡何独在长安。宦途自此心长别，世事从今口不言。"

　　行走中，白居易认识了刘十九，两人常凑在一起饮酒畅谈。他晚年居住洛阳时，常常思念这个老朋友。一个阴沉沉的傍晚，诗人忽然心血来潮地想找人喝酒，可无法像今天这样拿起手机将老朋友呼叫过来。他只能靠想象勾画出和刘十九围着火炉、喝着新酒倾心交谈的场面。室外白雪飘飘，室内温暖如春。沉浸在遐想中的白居易一落笔，这一刻的心情及想象中的场景瞬间定格。

问刘十九
绿蚁新醅酒，红泥小火炉。
晚来天欲雪，能饮一杯无？

把江南装进诗歌里

　　公元 820 年，唐宪宗暴亡，唐穆宗继位。白居易被穆宗召回长安，先后担任司门员外郎（掌管国门关闭）、主客郎中知制诰（草拟诏敕）、中书舍人（皇帝秘书）等官职。当时，朝中党派纷争，争权夺利，而穆宗一意孤行，对谏官的上书根本不理睬。以前的打压让白居易心有余悸，对政事，他表面上是在履行责任，实则是消极应付，不再像以前那样勇往直前了。既然当权者不愿听真话，又何必赔上自己的前途出力不讨好呢？白居易选择做绿叶，做可有可无的边缘人，他躲在避风港里，再也不做那激情澎湃的帆。可是这样也觉得不保险：朝中斗争日渐激烈，不定什么时候自己就会被牵连，再次遭到政敌陷害。于是，白居易很识时务地请求外放，并于公元822年获准赴杭州任刺史。"谁知名利尽，无复长安心。""敢辞官远慢，且贵身安妥。"从今往后，一切荣枯任之，听天由命吧。

赴杭途中，白居易心情很放松。

暮江吟

一道残阳铺水中，半江瑟瑟半江红。

可怜九月初三夜，露似真珠月似弓。

虽则消极避世，但在杭州刺史任上，他还是做得政绩斐然。最为人称道的是发动百姓垫高杭州湖堤，以提高蓄水量，解决了千余顷良田的灌溉问题；此外还疏通了李泌担任杭州刺史时留下的城中六井，改善了居民用水条件。当地民众感念他，把白沙堤改称为"白公堤"！

白居易离开杭州时，民众全都自发送行。他忽然有些小惭愧，为民众的重税难过，为自己没能为他们做更多的事而不安。《别州民》中提到："税重多贫户，农饥足旱田。唯留一湖水，与汝救凶年。"当然，更多的是表达对江南的喜欢。

西湖晚归回望孤山寺赠诸客

柳湖松岛莲花寺，晚动归桡出道场。

卢橘子低山雨重，栟榈叶战水风凉。

烟波澹荡摇空碧，楼殿参差倚夕阳。

到岸请君回首望，蓬莱宫在海中央。

在佛寺听僧侣讲经归来，回望孤山寺，发现它是那么秀美。

钱塘湖春行

孤山寺北贾亭西，水面初平云脚低。
几处早莺争暖树，谁家新燕啄春泥。
乱花渐欲迷人眼，浅草才能没马蹄。
最爱湖东行不足，绿杨阴里白沙堤。

诗人紧扣环境和季节特征，把刚刚披上春装的西湖描绘得生趣盎然。

忆江南

一：江南好，风景旧曾谙。日出江花红胜火，春来江水绿如蓝。能不忆江南？

二：江南忆，最忆是杭州，山寺月中寻桂子，郡亭枕上看潮头。何日更重游？

除了风景诗，还有朦胧诗。

花非花

花非花，雾非雾。
夜半来，天明去。
来如春梦几多时，
去似朝云无觅处。

白居易
有志青年缘何成了享乐官员

花不是花,雾不是雾,半夜时到来,天明时离去。来时仿佛短暂而美好的春梦,离去时又像清晨的云彩无处寻。这首诗究竟在表达什么呢?是写年轻漂亮的女孩儿?是写高深玄妙的佛理?还是写混沌纷繁的世事?

与君携酒笑红尘

公元825年,白居易调任苏州刺史。

有一次,他坐轿子到虎丘,沿途看到河道淤塞、水路不通。回去后,他连夜写出了环山开河筑路的方案。资金、民工全部到位后,立即开工。这条开凿出来的山塘河东起阊门渡僧桥附近,西至虎丘望山桥,长约3 600米,人称"七里山塘到虎丘"。河连接了阊门与运河,河旁筑堤而成山塘街。河、路的修建,使灌溉和交通问题都得到了妥善解决,不久这一带就变得热闹非凡。修完这条水塘,白居易就因劳累大病一场。他离开苏州时,百姓悲啼。刘禹锡有诗:"苏州十万户,尽做婴儿啼。"

白居易是不肯闲着的,病好后就到处游览。在扬州逗留期间,他结交了晚年最称意的朋友——刘禹锡。

公元829年,58岁的白居易定居洛阳,过着饮酒弹琴、赋诗旅游的神仙日子。他并不寂寞,刘禹锡与之诗词唱和,携酒笑红尘。两人才华相近,年龄相当,官职相似。白居易是东都太子少傅(太子老师),刘禹锡是太子宾客,都是闲职。如此友情,上天恩赐,俩人结伴同游,尽享晚年。白居易给刘禹锡写了很多诗。

你来我往,不到两年,互相赠答的诗就有100多首。白居易整理编辑后,出了一本书叫《刘白唱和集》。书一问世即成畅销书。这些诗,记录了白居易和刘禹锡交往的细节,洋溢着乐观和情趣。他们用诗歌走进了

对方的心灵。

赠梦得

其一：年颜老少与君同，眼未全昏耳未聋。放醉卧为春日伴，趁欢行入少年丛。寻花借马烦川守，弄水偷船恼令公。闻道洛城人尽怪，呼为刘白二狂翁。

其二：前日君家饮，昨日王家宴；今日过我庐，三日三会面。当歌聊自放，对酒交相劝。为我尽一杯，与君发三愿：一愿世清平；二愿身强健；三愿临老头，数与君相见。

朴实感人的语言，情真意切的友情，羡煞世人。

白居易在洛阳生活得很惬意：十七亩大宅，其中五亩园林，还有一个宽阔的大水塘。也许是风景太美，成排的柳树、悠闲的白鹤、精巧的亭阁、亭亭玉立的荷花招来了不少熊孩子。调皮的男孩儿撑着池中小船，正奋力从荷花深处划向岸边。

池上

小娃撑小艇，偷采白莲回。

不解藏踪迹，浮萍一道开。

还有的孩子手持钓竿，正悠然地等着鱼儿上钩。这种随遇的小景使诗人充满了活力。他和刘禹锡整天在院子里转悠，或品茶，或写诗，再不就是邀一帮朋友对酌欢饮。

刘禹锡病逝于洛阳时，白居易伤心至极："四海齐名白与刘，百年交分两绸缪。同贫同病退闲日，一死一生临老头。杯酒英雄君与操，文章微婉我知丘。贤豪虽殁精灵在，应共微之地下游。"之前好朋友元稹死时，他也很伤感:"君埋地下泥销骨,我寄人间雪满头。"灵魂好友一个个急匆匆离开,以后邀谁共杯呢?

富足一生多姿多彩

　　白居易的后半生过得多姿多彩,享尽人生。他的诗较之前,少了些同情弱者、眼光向下的观察。他和大多数王公贵族一样,冬天基本都宅在暖意融融的家里,如果出门,就裹上羊羔皮或狐皮外套,坐上豪华马车,已经完全和百姓拉开了距离。

　　晚唐诗人张孜写过一首《雪诗》,说豪门之家的墙面是用捣碎了的花椒和泥涂成的,家里到处都烧着加炭的小火炉,宅子里挂着一道又一道厚帘子,侍女们热得香汗淋漓……杨国忠家的仆人用炭屑时,先掺蜜捏一捏才放进火炉,以保证不入杂灰。唐玄宗的弟弟申王取暖更奢侈:他不光用炭,还用"妓围"。什么意思呢?就是"使宫妓密围于座侧,以御寒气,呼为'妓围'"。那些王公贵族、仕宦豪族们取暖则主要靠烧炭。最好的炭首推西凉炭。如果"烧于炉中,无焰而有光",那就是好炭,一条能烧上好几天,热辐射也很强。如今,白居易也用上了上好的炭。他的笔不再关注卖炭翁,不再关注农民,他再也写不出字字血泪的纪实诗了,转而代之的是香艳温情的作品。

杨柳枝词
　　一树春风千万枝,嫩于金色软于丝。
　　永丰西角荒园里,尽日无人属阿谁?

还有专门为舞伎樊素和小蛮写的:"樱桃樊素口,杨柳小蛮腰。黛青描画眉,凝脂若雪肤。"从开始追求享乐开始,白居易的家里豢养了一百多名年轻漂亮的家妓。直至他年老体衰,满嘴无牙,才遣走了这一百多位姑娘。70多岁的白居易没力气日夜流连于欢场,又开始投奔佛祖,每日打坐诵经,强迫自己平静;坐累了,便与另外八个退休官员聚在龙门香山写诗喝酒发牢骚,自称"九老会"。

白居易这半辈子除了写诗、做官、喝酒、狎妓,还喜欢酿酒。他开着一家酒厂,亲自抓工艺,酿出的酒赢得了广泛点赞。他为此沾沾自喜:"开坛泻罇中,玉液黄金脂;持玩已可悦,欢尝有余滋;一酌发好客,再酌开愁眉;连延四五酌,酣畅入四肢。"老白喜欢喝,喝醉了就写诗。那"醉吟先生"的绰号可不是白叫的。除了这些,白居易还喜欢晒工资。早年当户曹时,他说"俸钱四五万,月可奉晨昏"。35岁时官至县尉,他在《观刈麦》里透露了工资情况:"今我何功德,曾不事农桑。吏禄三百石,岁晏有余粮。"37岁官至左拾遗之际,工资翻番:"月惭谏纸二千张,岁愧俸钱三十万。"50岁左右,白居易调任杭州刺史,拿上了高薪:"云我五十余,未是苦老人。刺史二千石,亦不为贫贱。"54岁时任苏州刺史,他在《题新馆》留下了工资记录:"十万户州尤觉贵,二千石禄敢言贫?"不得不说,白居易越老身价越高,那工资就像他的年龄一样,年年看涨。在洛阳任太子少傅时,"月俸百千官二品"。被授为太子宾客分司,则"俸钱七八万,给受无虚月"。不过,到了晚年,白居易的荷包很是瘪了一阵儿。他70岁罢太子少傅,薪水随之停发。为了应付诸多开销,他"先卖南坊十亩园,次卖东郭五顷田。然后兼卖所居宅,仿佛获缗二三千"。即便如此,他还日日担心,"但恐此钱用不尽,即先朝露归夜泉"。后来,白居易以刑部尚书致仕,得到一半俸禄,临死前,老白留下一首《自咏老身示诸家属》,晒了最后一次工资:"寿及七十五,俸沾五十千。"

白居易很懂变通,遇到挫折并不硬来,受到打击后也没有仇视社会、

白居易
有志青年缘何成了享乐官员

报复世界，而是郁闷了一阵子后开始改变自己，换个活法。这样的人是适应世俗规则的，识时务又识趣，但也因此少了那么点气节。后人在赞美他的诗才时，对他的人品总是有那么几分怀疑。白居易的后半生基本是在美女和美酒间度过的。他家中那一百多名家妓，一过20岁就不入他的法眼了，每三年就要换一批更年轻的来。他可以一边"心忧炭贱愿天寒"，一边"蜀妓如花坐绕身"；一面摆出道德教化的面孔，一面心安理得地纵情享乐，还说是"美人劝我急行乐"；一边坦承自己的政治抱负，"为君为臣为民为物为事而作"，一边却又知足随缘，消极应付官场职责。作为诗人，他掀起了新乐府运动，也开启了狎妓诗之风。在他身上，忧国忧民和风流放荡可以同存并进。

白居易生活在中唐时期，没见过盛唐的辉煌，也不像杜甫那样一生都在战争中蹉跎。虽然他也经历过朝堂动荡、人民离散，虽然他也写过很多现实主义作品如《秦中吟》《卖炭翁》《新乐府》等，但《卖炭翁》里的"黄衣使者白衫儿"从来都没冒犯过他；他也没有像《观刈麦》里的农人那样"足蒸暑土气，背灼炎天光"般汗流浃背地劳作过。杜甫的诗都是亲历的血泪控诉和呐喊，而白居易只是一个生活的旁观者。他只是在描写，而不是身历，所以不像杜甫感同身受之后的诗句来得那般深刻。白居易写下这些纪实作品的时候，正值仕途青云直上。他写过《快活人》：

> 可惜莺啼花落处，一壶浊酒送残春。
> 可怜月好风凉夜，一部清商伴老身。
> 饱食安眠消日月，闲谈冷笑接交亲。
> 谁知将相王侯外，别有优游快活人。

他对民间疾苦感受并不深，所以自称"快活人"，一点也不夸张。

苦乐爱恨、穷富悲欢，白居易全都经历了，他这一生过得丰富多彩、

生动有趣，对得起"乐天"这个字。

公元846年，75岁的白居易告别了活色生香的繁华世界。留下了七十一卷的《白氏长庆集》。

生活给我痛，我报之以歌

刘禹锡

关于刘禹锡的出生地一直存在争论，一说是江苏徐州，又有说是河南洛阳，还有说是浙江嘉兴。之所以出现这样的情况，大概是因为『诗豪』的诗写得太好了，不同地域的人都想拉他来壮声色，以借名人效应捞点实惠。出生地虽然模糊，但出身于官宦人家却是确凿的。刘禹锡的父辈醉心学问，他从小耳濡目染，在天资和努力的助推下，终成唐朝顶尖的文学家和哲学家。他留下的诗文篇篇精彩，首首经典，尤其那篇千古传诵的托物言志散文《陋室铭》，堪称佳作中的佳作。

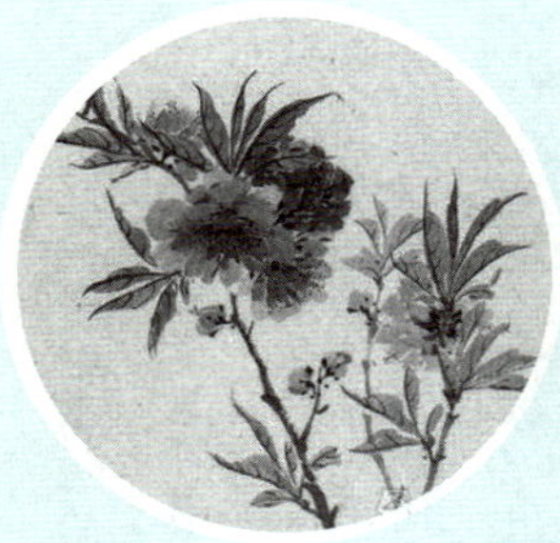

刘禹锡

生活给我痛，我报之以歌

一场改革终结了美好前途

刘禹锡19岁就开始游学长安，交了一大帮志趣相投的好朋友。

公元793年，21岁的刘禹锡走进考场，顺利考中了进士，和他同年中进士的还有柳宗元。接着，刘禹锡又考中了博学宏词科。考试一路顺利，命运为这个年轻人翻开了光辉灿烂的一页，可他并未一帆风顺。

公元805年，唐顺宗李诵继位。当时，朝中有两股力量一直暗中较劲，一股是"保皇党"，一股是"太子党"。核心力量自然是唐顺宗及其近臣王叔文、王伾这一支。这些人激进，思想开明，他们主张加强中央集权，反对藩镇割据，反对宦官专权及朋党之争，认为只有这样天下才能趋稳。在顺宗的支持下，朝中发起了一场轰轰烈烈的革新运动。

王叔文最开始是李诵的伴读。李诵继位后，王叔文升任翰林院待诏、度支使（掌管财政收支）、盐铁转运使（掌管盐铁买卖）。从一介布衣突然升到决策位置，这样的人最容易眩晕，从而做出一些冲动之举。王叔文发起的"永贞革新"就是这样。虽然"穷则变，变则通，通则久"有道理，但他太理想化，缺乏运筹帷幄的雄才大略，那点才华还不足以撑起一场伟大的变革。虽说唐顺宗支持他，但皇帝的身体不太好，今儿咳嗽，明儿发烧，经常生病。

刘禹锡初进官场，热情洋溢。他关心时政，责任感爆棚，恰逢改革这样改天换地的大事，怎肯袖手旁观？他提出了很多革除时弊的建议。在皇帝拍板下，王叔文等人的改革进行得如火如荼。但唐顺宗本来就体弱多病，改革中出现的各种问题让他不堪承受。结果，他突然就中风了，口不能言，

改革团队一下子失去了掌控大局的指挥棒。李诵的长子、太子李纯一看天赐良机，立刻对支持改革的人大开杀戒。由于反对改革的势力太大，这场史称"永贞革新"（也称"二王八司马"）的革新运动至此宣告失败。

之后，可怜的唐顺宗被幽禁，李纯被拥上位，是为唐宪宗。参加改革的人全成了倒霉蛋，杀的杀，贬的贬。时年33岁的刘禹锡被贬到了连州（今广东清远连州）任刺史。一些媚上的大臣认为一个初出茅庐的年轻人就敢参与这么大的运动，简直不知天高地厚，于是上奏皇帝要求重罚。结果，刘禹锡又被贬往朗州（今湖南常德）任司马。

把朗州变成创作基地

刘禹锡性格豪爽开朗，但遭此打击难免郁闷。他一度将佛教作为精神寄托，频繁出入寺庙，与僧人接触。由于任的是闲职，闲散时间比较多，他登上古城，写下了《汉寿城春望》：

汉寿城春望

汉寿城边野草春，荒祠古墓对荆榛。
田中牧竖烧刍狗，陌上行人看石麟。
华表半空经霹雳，碑文才见满埃尘。
不知何日东瀛变，此地还成要路津。

乐观使人轻松，沮丧让人消沉。牢骚太盛防肠断，还是一笑而过吧！随着时间推移，他的心境慢慢发生了变化。继而，阳光刚健的诗风替代了郁闷灰暗之气，比如这两首《秋词》。

秋词

一：自古逢秋悲寂寥，我言秋日胜春朝。晴空一鹤排云上，便引诗情到碧霄。

二：山明水净夜来霜，数树深红出浅黄。试上高楼清入骨，岂如春色嗾人狂。

诗人一反大多数诗人悲秋伤秋的论调，反其道而行，用昂扬奋发的精神歌颂起秋天的壮美来。

朗州虽落后，但景色不错，陶渊明笔下著名的"桃花源"就在这里。刘禹锡在这里几乎赏遍了山山水水，追昔抚今，写了很多关于此地的文章。当地人以渔猎为生，虽生活贫苦，但生活得自由自在，年轻男女无拘无束地随意放歌是常态。经常走访的刘禹锡对当地的民情风俗、社会生活相当熟悉，经常有感而发。《云仙杂记》中记载，刘禹锡不仅诗写得好，还是一位精通音律、喜欢音乐的诗人。朗州给了他得天独厚的挖掘音乐才华的土壤和空间。他多方搜集民间歌谣，细心揣摩，学习它们的格调进行诗歌创作，如《白鹭儿》：

白鹭儿，最高格。

毛衣新成雪不敌，众禽喧呼独凝寂。

孤眠芊芊草，久立潺潺石。

前山正无云，飞去入遥碧。

又如《采菱行》等，这些仿民歌体诗歌的接连问世，极大地丰富和提升了当地人的民歌传唱模式。刘禹锡没来朗州前，当地民歌作为百姓随哼随唱的小调，处于自生自灭的状态，因无人加工整理，时间一长便销声匿迹。刘禹锡来了之后，情况变了，他对当地民歌加以整理创作，再让百姓

口口传唱，很多民歌都得以保留下来，对武陵文化的保护和发展起到了很好的促进作用。

刘禹锡流传于世的诗歌有 800 首，在朗州就创作了近 200 首。除了创作民歌，他还创作了 9 首《竹枝词》。其中最著名的一首是："杨柳青青江水平，闻郎江上踏歌声。东边日出西边雨，道是无晴却有晴。"读来既有诗的韵律之美，又散发着朴素自然、清新可爱、浓郁的民歌般的生活气息。还有《堤上行》三首之二："江南江北望烟波，入夜行人相应歌。桃叶传情竹枝怨，水流无限月明多。"

在朗州，他还写下了那首脍炙人口的《望洞庭》：

湖光秋月两相和，潭面无风镜未磨。
遥望洞庭山水翠，白银盘里一青螺。

他别出心裁地将湖面比作镜面，令人耳目一新。

如果刘禹锡能一直保持好心情，一直创作这样的诗就好了。可惜生活不是顺水行舟……

再被桃花误

公元 815 年，刘禹锡与柳宗元等参与"永贞革新"的人一起被召回长安。十年了，流落在外的刘禹锡再度归京，心情真是无以言表。兴之所至，他应邀与友人前往玄都观踏青游玩。文人嘛，职业病，走到哪里都想写点文字表达下心情。刘禹锡平生很喜欢桃花，当他看到新旧桃树一并盛开的盛况，前尘往事历历在目，遂掏出纸笔，作了首《元和十年自朗州承召至京戏赠看花诸君子》：

> 紫陌红尘拂面来，无人不道看花回。
> 玄都观里桃千树，尽是刘郎去后栽。

诗写得很好，就是其中的比喻不太恰当。有人说他把那些新长出的桃树比作朝中新贵，讽刺他们是在自己离开朝廷后新崛起的暴发户。

权贵们的耳边一向充斥着甜言蜜语的恭维，哪里忍得下他这样含沙射影？得知刘禹锡写了这么一首诗后，权贵们第一时间就将它上传到了皇帝那里，附件自然是罗列的密密麻麻的弹劾理由。皇帝也不客气，接着贬。

这次，刘禹锡不太幸运，被贬之地是遥远的播州（今贵州遵义）。那地方地广人太稀，民众总共还不足五百户，是典型的穷山恶水之地。当初与刘禹锡同为进士、一同参与改革、一同被贬的好哥们柳宗元一听这个消息，毫不犹豫地立即上奏："播非人所居，而梦得亲在堂，万无母子俱往理。"并表示愿意和他交换贬所，替他去受这个过。御史中丞裴度也站出来为刘禹锡求情，说其母年迈，身边乏人照顾。刘禹锡是个独子，他贬到哪里，老母亲就得跟到哪里。当时，刘母已经 80 岁高龄，实在无法再经受长途颠簸。皇帝考虑了刘禹锡的具体情况，觉得也在理，就将他贬往连州。刘禹锡再度来到连州，在这里待了近五年，直到他的老母亲病逝，他服完丧才得以离开。之后又被贬往夔州（今重庆奉节）。

一路走来一路歌

在夔州，当地人靠淘金为生。诗人联想起无数沙砾随同河水，流经万里，从天之涯一路经受浪涛的冲洗和拍击，那种顽强坚韧的品格令他激情荡漾、精神振奋。他把自己化作淘金者，以他们的口吻，写下一首气势非凡的《浪淘沙》：

九曲黄河万里沙，浪淘风簸自天涯。
如今直上银河去，同到牵牛织女家。

李白在《将进酒》中有"黄河之水天上来，奔流到海不复回"之句。而刘禹锡开篇就是一句"九曲黄河万里沙"，那种纵横驰骋的想象力一点也不逊色于李白。从中不难看出，刘禹锡在性格上与李白有着某些相似点：天真，爱幻想，还有——一条道走到黑！他表示要迎着狂风巨浪，顶着万里黄沙逆流而上，到牵牛织女家做客（有种强烈地想跳出小圈子去见世面的冲动）。伟大的时代自然而然地会赋予人达观豪迈、阳刚矫健的独特印记。这种豪迈之风在唐朝其他诗人身上也有体现，但刘禹锡展现得更胜一筹。刘禹锡面对遭遇既不妥协也不沮丧，始终保持不屈不挠的精神，这在他的诗作中时有体现。

刘禹锡去拜访了夔州先主庙，写了一首传诵很广的五律诗《蜀先主庙》：

天地英雄气，千秋尚凛然。

> 势分三足鼎，业复五铢钱。
> 得相能开国，生儿不象贤。
> 凄凉蜀故妓，来舞魏宫前。

此诗读罢，颇有一股英雄气扑面而来。在盛衰对比中，道出古今兴亡的深刻教训。大唐有过"贞观之治"，有过"开元盛世"。俱往矣，如今日薄西山，国势衰败，昏庸的执政者不图谋进取，只知道迫害革新者。

在夔州待了近五年后，刘禹锡又到和州（今安徽和县）任刺史。在赴任途中，刘禹锡沿江东下，经西塞山时，抚今追昔，触景生情，写下了极具轰动效应的《西塞山怀古》：

> 王濬楼船下益州，金陵王气黯然收。
> 千寻铁锁沉江底，一片降幡出石头。
> 人世几回伤往事，山形依旧枕寒流。
> 今逢四海为家日，故垒萧萧芦荻秋。

因为诗写得太雄壮，后人还附会了这样一段故事：某次，刘禹锡、元稹与韦楚客等人在白居易的寓所又兴致勃勃地喝上了。席间，白居易提议大家各写一首怀古诗。众人刚抿了一口酒，那边刘禹锡《西塞山怀古》就已经搁笔。弄得白居易当即感叹："四人探骊龙，子先获珠，所余鳞爪何用耶？"他羡慕嫉妒恨地唠叨：你把精华都写尽了，其他人再怎么写也是白费力。

不管这段故事是真是假，才子在某方面太出色了，粉丝们总是津津乐道地传诵一些诸如这样的小插曲，这就是名人效应吧。

《陋室铭》是愤怒的产物吗？

关于《陋室铭》的问世，也有这样一个类似的故事。

刘禹锡被贬到和州，按规定可以享有三间公房的居住待遇。不料和州知县是个势利之徒，一向见风使舵、看人下菜碟。了解了刘禹锡的大致经历后，他把刘禹锡安排到嘈杂的县城南门居住。

刘禹锡虽被贬，但改革之心尚在。南门前有一条大江叫历水，每天船来船往，闹闹哄哄。刘禹锡一点儿不烦，他觉得景色不错，人多又热闹，便写了副对联明志："面对大江观白帆，身在和州思争辩。"一个被贬的罪官弄出这么副高调的对联，知县气坏了，变着花样儿刁难他，又安排他到北门住。巧得很，北门这地方也有一条河，叫德胜河。这条河虽不热闹，但河面如镜，岸边杨柳依依，自有一番浪漫风情。刘禹锡故态复萌，又写了一副对联贴到门上："杨柳青青江水平，人在历阳心在京。"知县胡子翘得老高，又让人在城里找了一间小得不能再小的房子，让刘禹锡搬进去。这下，刘禹锡惨了：房里仅能放下一床一桌一椅，一大家子根本住不下。就因为写了两副对联，就在半年内被迫连搬了三次家，且大房换小房，越搬越小。

从这件事看，刘禹锡身上的文人特质太浓，不知避讳，不事逢迎，不适合搞政治。他同李白一样，太感性，太理想主义，与官场需要的理性隐忍存在根本性冲突。直率倔强的心里住着勇往直前、永不言败的莽汉，遇到不平事就直面出击，大骂痛骂讽刺奚落，待造成僵局后往往又焦头烂额，靠酒精或诗歌收拾心情。

刘禹锡尽管很生气，可又实在无可奈何，在人家地盘上又能怎样呢？

他只能提笔发泄怨怒。这一次，才气加怒气合成了千古名篇《陋室铭》：

> 山不在高，有仙则名。水不在深，有龙则灵。斯是陋室，惟吾德馨。苔痕上阶绿，草色入帘青。谈笑有鸿儒，往来无白丁。可以调素琴，阅金经。无丝竹之乱耳，无案牍之劳形。南阳诸葛庐，西蜀子云亭。孔子云：何陋之有？

是不是有种安贫乐道的味道？虽处陋室、物质贫乏，然而只要生活充实、精神不倒，就会满屋生香。这位精神富翁写完这篇文章之后气还没消，干脆就请大书法家柳公权全文书于石碑，然后立于门前，大有广而告之的意味。这件事立马上了新闻头条，轰动朝野。那个知县还想找碴儿，可刘禹锡这篇文章爆发的影响力和热度让他不得不收手，以免被烫伤。这事传到好哥们儿柳宗元的耳朵时，他再次上书朝廷，情愿以自己被遣之地柳州换和州。真是患难见真情，柳宗元的建议虽未获准，但足以温暖刘禹锡的心。

这个故事，正史里没有明确记载。后人考证说刘禹锡在和州当的是刺史，官衔不小，应该没人敢为难他。这首《陋室铭》也不是愤怒之作。但奇怪的是，很多国学知识竞赛中都把这个故事作为文学知识的考题。不管故事是真是假，刘禹锡的性格耿直却是千真万确的，他不讨朝廷喜欢也是千真万确的，若非如此，他也不会被一贬再贬。

细细算来，刘禹锡这次被贬又在外待了13年。好在朝廷并没有彻底忘记他。有时候，熬也是一种成长，熬到一定时候，转机就来了。

遇到白居易，日子好不惬意

一纸调令来到和州，通知刘禹锡回京。途经金陵，前朝帝王留下的诸多古迹引起了诗人的注意，他追古抚今，思绪涌动，一口气写下了咏史的《金陵五题》系列组诗。

刘禹锡很擅长写政治讽刺诗，借一景一物一语双关，达到曲折讽刺的效果。他的《白鹰》《聚蚊谣》《百舌吟》等诗，无不寓意深刻，犀利辛辣，这缘于他对政事的透彻看法，也缘于他品性的耿直。既然这类诗不讨好，不写就是了，而刘禹锡不但写，还写了很多。

在《金陵五题》系列组诗中，刘禹锡借六朝灭亡抒发国运衰微之情，希望统治者能以前车之覆为鉴。

金陵五题

其一《石头城》：山围故国周遭在，潮打空城寂寞回。淮水东边旧时月，夜深还过女墙来。

其二《乌衣巷》：朱雀桥边野草花，乌衣巷口夕阳斜。旧时王谢堂前燕，飞入寻常百姓家。

朱雀桥和乌衣巷依然安在，但野草丛生，荒凉凄清。昔日流连于王谢之家的燕子，如今已在百姓屋檐下安家。

其三《台城》：台城六代竞豪华，结绮临春事最奢。万户千门成野草，只缘一曲后庭花。

在《台城》中，刘禹锡更是不客气，指出了前朝皇帝骄奢淫逸，荒于朝政致亡国的史实。刘禹锡是敏感的，他嗅到了没落的气息，对风雨飘摇的大唐帝国发出了委婉的劝谏。

其四《生公讲堂》：生公说法鬼神听，身后空堂夜不扃。高坐寂寥尘漠漠，一方明月可中庭。

其五《江令宅》：南朝词臣北朝客，归来唯见秦淮碧。池台竹树三亩馀，至今人道江家宅。

这五首诗都是以深藏不露的笔法将讽刺、担忧、挖苦、劝谏暗含其中。

在扬州时，刘禹锡与同去京城的白居易相遇。"诗豪"与"诗魔"相逢，一见如故，恨不得聊他个三天三夜，喝他个地老天荒。尽兴之后，自然就轮到常规项目——互赠诗歌。筵席上，白居易为刘禹锡写了一首诗：

醉赠刘二十八使君

为我引杯添酒饮，与君把箸击盘歌。
诗称国手徒为尔，命压人头不奈何。
举眼风光长寂寞，满朝官职独蹉跎。
亦知合被才名折，二十三年折太多。

白居易对刘禹锡的长期被贬谪给予了深深的同情。想起整整23年在外飘零，花样年华蹉跎而过，刘禹锡也很感慨，他提笔回赠：

酬乐天扬州初逢席上见赠

巴山楚水凄凉地，二十三年弃置身。

怀旧空吟闻笛赋，到乡翻似烂柯人。

沉舟侧畔千帆过，病树前头万木春。

今日听君歌一曲，暂凭杯酒长精神。

前两句虽小有伤感，但刘禹锡的乐观天性不但未被苦逼的现实消解掉，反而有越挫越勇之势。他笔锋一转：沉船旁千船经过，枯树前万木逢春。这些诗句表现出了他对世事磨难所持的超脱态度和对官场沉浮的豁达精神，令人肃然起敬。正像他在另一首《酬乐天咏老见示》里所阐释的：

人谁不顾老，老去有谁怜。

身瘦带频减，发稀冠自偏。

废书缘惜眼，多灸为随年。

经事还谙事，阅人如阅川。

细思皆幸矣，下此便翛然。

莫道桑榆晚，为霞尚满天。

那种老当益壮、积极进取不服输的劲头，让人生发出无限力量。

在扬州，两人同游同行，相携相伴。

同乐天登栖灵寺塔

步步相携不觉难，九层云外倚阑干。

忽然语笑半天上，无限游人举眼看。

携手向上攀登不觉艰难，登顶之后俯视恍如身在云中，说笑的声音惊动了很多游客。诗人的笔触是轻松的，有种少年般调皮的小惊喜。

快乐总是不容许人为地拉长。刘禹锡与白居易分别后，回到了京城。

刘禹锡

生活给我痛，我报之以歌

桃花和笔不背锅

刘禹锡喜欢桃花的心从来都没变过，歌它、诵它、唱它。这次归京，仍要与桃花约会。他于公元828年3月再次来到了玄都观故地重游，看望心心念念的桃花。仿佛宿命般，他又情不自禁地提起笔，还是把控不住思想走向。许是写讽喻诗太顺手了，他再次死性不改地写下了《再游玄都观》："百亩庭中半是苔，桃花净尽菜花开。种桃道士归何处，前度刘郎今又来。"他倒是很忠实地保留了"归来仍是少年"的心态，没半点收敛。这世间真有一根筋和硬骨头，撞一百次南墙也不知回头。这首充满豪气的诗除带火了一个成语"前度刘郎"外，直接把政敌气得肝疼。

《再游玄都观》让政敌们坐立不安，暂停一下喝茶、吹牛、聊八卦，他们开始兴奋地忙碌：炒作、注水、添枝加叶，加工完毕，形成材料，报奏皇帝。得，年近花甲的刘禹锡同上次一样，还没来得及好好重温一下京城的气息、尝一尝久违的小吃、会一会失联的老友，就又一次被外放为苏州刺史。这境遇，桃花和笔真不背锅。性格耿介？情商缺失？谁能揣测刘禹锡的真实心境呢？

不过，这回比上几回好许多，所去之地相对繁华些。

上次刘禹锡刚到和州时，正值洪涝和旱灾交替发生。他立即调查灾情，启奏朝廷，赈灾抚慰，安抚群众。没想到这次到苏州又赶上当地发大水，饿死者不计其数。刘禹锡还是那股子实干劲儿：开仓赈饥，免赋减役，很快制止了灾难的进一步蔓延。苏州人民感激他体恤民意，把他和曾在苏州担任过刺史的韦应物、白居易合称为"三杰"，并建立了三贤堂。皇帝这回也另眼相待，对他的政绩予大加褒奖，还赐了紫金鱼袋。刘禹锡在苏州

153

做了三年刺史，事做了不少，诗也写了不少。他喜欢苏州的美景，走走看看，总能发现苏州别样的美。

发苏州后登虎丘寺望海楼

独宿望海楼，夜深珍木冷。
僧房已闭户，山月方出岭。
碧池涵剑彩，宝刹摇星影。
却忆郡斋中，虚眠此时景。

离开时有些不舍。"流水阊门外，秋风吹柳条。从来送客处，今日自魂销。"独自徘徊在阊门码头，望着船公不断发出开船的手势，心中涌出无限感慨，今天我也要从阊门这个历来送别的地方离开，止也止不住的伤感，就让诗歌分担吧。

宁愿寂寞独行，绝不媚俗合作

刘禹锡有才华，有干劲，也有政治敏感性，为什么就当不好官呢？这与他疾恶如仇的性格有关。刘禹锡年轻时说过："少年负志气，信道不从时。"坚定目标，绝不从俗。这样的性格，决定了他难以融入主流。

刘禹锡出身于名宦之家，早年仕进顺利，连登三科，这些都成了他倔强高傲和自负的土壤。宋代朱翌在《猗觉寮杂记》里说他"气高不伏人"，《新唐书·刘禹锡传》也认为其"恃才而废"。对看不顺眼的人，他常常"语涉讥刺"。他能说敢说，总是在不恰当的时候说不恰当的话、写不恰当的诗，太有个性，太不随俗了。

其实，刘禹锡是一个特认真的人，也是一位好官。早年在朝廷为官时，每天收到各方来信达数千封之多，他从不厌烦，而是"一一报谢，绿珠盆中，日用面一斗为糊，以供缄封"。被贬在外的岁月，他也能关心民生疾苦、发展地方文化、造福一方百姓。就是这样一位真性情的诗人，却历尽仕途坎坷，经历了八位皇帝，遭遇数十年贬谪。这么频繁的皇权更替，对一个人仕途的影响是很大的。前一个皇帝刚对他有点好印象，还没等重用，后一个皇帝又上任了。

做诗人要真，做官要真真假假。诗人做官往往不屑于假，是那种纯粹的真勇士，即使头破血流也仍然坚持，所以没几个能够混得风生水起。刘禹锡就是这样，受了23年的贬谪，却一点也没有改变他的性格。他不服气，不认输，那份乐观依然坚挺如昔。

看他的诗：

始闻秋风

昔看黄菊与君别，今听玄蝉我却回。
五夜飕飗枕前觉，一年颜状镜中来。
马思边草拳毛动，雕眄青云睡眼开。
天地肃清堪四望，为君扶病上高台。

写这首诗时，尽管诗人身患足疾，但他依然保持着"颜状虽衰，心如砥石"的豪情。再如这首《浪淘沙九首》其八："莫道谗言如浪深，莫言迁客似沙沉。千淘万漉虽辛苦，吹尽狂沙始到金。"在边远的贬所虽然历经千辛万苦，到最后终能显示出自己不是无用的废沙，而是光亮的黄金。其乐观旷达、豪迈气概很有感染力。《杨柳枝词九首》其一："塞北梅花羌笛吹，淮南桂树小山词。请君莫奏前朝曲，听唱新翻杨柳枝。"请君不要再奏前朝的歌曲，来听听新创作的《杨柳枝》。诗人告诉我们，事物是发展

的，要用发展的眼光看问题。还有简洁明快、风格俊爽的《赏牡丹》：

庭前芍药妖无格，池上芙蕖净少情。
唯有牡丹真国色，花开时节动京城。

四句诗写了三种花。用芍药与荷花作铺垫，从而让牡丹的亮相惊艳眼球。

刘禹锡不像李白、杜甫、白居易那么赫赫有名，但他的朋友很多，韩愈、柳宗元、白居易、裴度、元稹等，随便哪一个都是重量级人物。晚年时，他居住在洛阳，皇帝换了，大臣换了，没人太注意他了。朝廷给了他一个东都太子宾客的官衔，是个钱多时间多的闲职。那时，白居易任太子少傅，也没啥事儿。于是，两人日日黏在一起，将日子过成了段子。刘禹锡终于在晚年过上了云淡风轻的日子，71岁而终。

即使身处贬谪岁月，刘禹锡的作品依然开阔明丽，流溢着生命的热情。他把所有的失意都化作笔尖上跳动的音符，奏出一首首昂扬热情、涤荡人心的作品，饱含哲人的睿智、达观者的豁然，始终给人拨云见日的希望！读来有振衰起废、催人向上的力量。从这点说，"诗豪"之名当之无愧！

杜牧

在骨感的现实里努力活得丰满

杜牧生活在唐朝中后期,今陕西西安人,出生于官宦世家,祖上是朝中重臣,是个含着金汤匙出生的官二代。

少年杜牧十分痴迷军事,专门研究过孙子,曾写过十三篇《孙子》注解,对兵法熟稔于心。同时,他文笔了得,是史上少有的军事才华与杰出文采皆不凡的诗人。他若生在今天,那可是集背景、才华和颜值于一身的大帅哥。有实力的人一般不屑于靠颜值谋生,他的理想是当呼风唤雨有实权的官,引领时代风骚,普济苍生。

不过,现实太骨感,因为长期不得重用,他干脆让潜意识里的享乐主义占了上风,堕入了颓废的生活中。

杜牧
在骨感的现实里努力活得丰满

文采一流初及第

唐朝参加科举讲究有人举荐。杜牧的推荐人是太学博士（相当于皇家大学教授）吴武陵。

侍郎崔郾奉朝廷之命主持科举考试，即将前往洛阳。尚书、中书、门下三省官员都去为他饯行。作为杜牧的举荐人，太学博士吴武陵来见崔郾，将杜牧夸得天花乱坠，并把杜牧的《阿房宫赋》朗诵了一遍。崔郾虽然觉得不错，但还是以第一名和第二名都已有人选为由，拒绝了吴武陵的推荐。吴武陵心不在焉地说了句"那就算了吧"。也许是这种随意的语气刺激了崔郾，他后悔了。毕竟，相信自己的眼睛和耳朵比相信别人的嘴要靠谱，他觉得杜牧的这篇文章实在是不可多得。杜牧只有23岁，就写出了如此有深意的文章，如果给他机会，假以时日，这个年轻人绝对会有出息。崔郾想来想去，遂答应吴武陵将杜牧录为第五名。谁知其他考官一听，老大不愿意，理由是杜牧为人放浪，生活作风太随意。崔郾说："《后汉书》载，孔稚珪有言曰：以天下为重者，不计细耻；以四海为任者，不顾小节。"那意思再明确不过：做大事者不拘小节。你看这话说得多么有分量，有一个厉害的举荐人可以起到至关重要的作用。

放榜后，杜牧写了一首《及第后寄长安故人》表达自己的喜悦心情："东都放榜花未开，三十三人走马回。秦地少年多酿酒，已将春色入关来。"

杜牧的《阿房宫赋》到底胜在何处，让主考官对他网开一面呢？这是一篇赋体散文，通过阿房宫的兴建及毁灭，总结了秦朝滥用民力、奢逸亡

159

国的教训。杜牧以此为出发点，劝谏统治者要警钟长鸣，引以为戒。其豪放的风格、尖锐的观点，让此文一经问世即受到相关官员的激赏。一经流传，洛阳纸贵。

朝廷授予了杜牧弘文馆校书郎一职，他正式当上了皇家图书馆管理员。但杜牧是个爱玩儿的人，性格潇洒不羁，放浪形骸，能喝能睡。真正进入官场，他才发现官也不是那么好当的：公务繁忙，种种人际关系牵制太多。在京做官半年，杜牧干得并不顺心。天性爱自由的他，干脆随远房亲戚沈传师来到了江西，在沈家当上了专职幕僚。

果然是外面的世界很精彩。杜牧玩得不亦乐乎，还开启了恋爱模式。沈府有个歌女叫张好好，年轻活泼，漂亮多才，很对杜牧的心思。"龙沙看秋浪，明月游东湖。自此每相见，三日已为疏。"就在杜牧集中全部心思和力量，准备展开猛烈攻势时，沈传师的弟弟先他一步把张好好娶回了家。杜牧又气又怒，多了一个放荡的理由。他终日游荡在大街，借酒浇愁，打发失恋。

不堪回首的过去

游荡了半年，恰逢朝廷官员牛僧孺赴扬州任淮南节度使，他很欣赏杜牧，召其为幕僚，负责牛府的公文处理。虽然有点大材小用，但扬州这个花花世界很快就拂去了杜牧的伤感。他几乎每夜都到青楼游乐，写下不少香艳诗句。

咏袜
钿尺裁量减四分，纤纤玉笋裹轻云。

五陵年少欺他醉，笑把花前出画裙。

专门写首诗描写女人的纤纤玉足，杜牧的口味还真有点重呢。

杜牧就这么陷在温柔乡里，身在其中，乐在其中。没想到日后，他会为这样没心没肺的日子深深地忏悔。

遣怀

落魄江湖载酒行，楚腰纤细掌中轻。
十年一觉扬州梦，赢得青楼薄幸名。

杜牧不是经常独自去花街柳巷吗？那地方三教九流，什么人都有，经常发生"你瞅啥？瞅你咋的"那种一言不合就互殴练拳等群体事件，没有任何安全保障。牛僧孺出于爱才心理，很想劝劝杜牧少去那种地方，但实在不好开口，于是利用职务之便，密派30名兵士。只要杜牧一出门，他们便身着便衣悄悄跟在后面，然后混入青楼暗中保护。杜牧每天都玩得很尽兴，不到半夜不回家，对此事浑然不觉。

虽然扬州给杜牧带来了前所未有的新鲜感，虽然杜牧爱玩爱热闹，但他不是那种没心没肺没良知的人。他身上的文人特质未曾变过，心里始终牵挂着天下，关注着政事动态。听闻幽州作乱，北方烽烟又起，杜牧一口气写下了多篇政论文章，其中就包括后来被收入《资治通鉴》的《罪言》《原十六卫》《战论》《守论》。在这些文章中，杜牧一针见血地提出了加强中央集权、削弱藩镇势力、提升作战效率等主张，深得他昔日的老领导、现任吏部侍郎沈传师的好评。在沈大人的关心下，公元835年，杜牧赴洛阳担任监察御史。作为现任领导，牛僧孺少不了为他饯行。趁着酒兴，牛僧孺拉开了话匣子，语重心长地劝杜牧到了京城行为要检点些，少去歌馆酒楼，少拈花惹草。杜牧一听这话，面子上很有些挂不住，辩白说自己一

向洁身自爱。牛僧孺微微一笑，让人拿出一个小匣子。杜牧打开一看，里面全是关于他哪天出门几点回的一些小纸条，此时杜牧方才如梦初醒：怪不得自己每次遇到麻烦，总能大事化小、小事化了，原来是这么回事呀。他很为自己的荒唐汗颜，也为牛僧孺的默默关照深深感动。遇到这样的老上级，也算是三生有幸了。

收敛心性，又被击倒

几年幕府生涯使杜牧得到了不少锻炼。

到了京城后，想起扬州那段醉生梦死般的生活，杜牧除写下《遣怀》表达悔意外，又写了一首《寄扬州韩绰判官》表达留恋："青山隐隐水迢迢，秋尽江南草木凋。二十四桥明月夜，玉人何处教吹箫。"在牛府期间，杜牧和当时同在牛府任节度判官的韩绰很投缘，都喜欢花天酒地、风花雪月。诗中的"玉人"指的是韩绰，这是对他的一种昵称。有很多人会误以为杜牧写的是女子，其实他们是正宗好兄弟、好哥们儿。

虽然对过去的生活还有怀想，但杜牧收敛了很多，不再像以前那么荒唐。他改掉了许多不好的习惯，满怀着希望，希望能在政治上大有作为。可等待他的却是一场血雨腥风的政治突变。

当时的皇帝唐文宗李昂是由一帮宦官推荐上去的，因此处处受制于宦官。皇帝不甘心做傀儡，下定决心铲除这伙势力。风云激荡，一场风暴就要来临。正在这节骨眼儿上，杜牧的朋友李甘和李敏中因上书主持正义接连遭贬。随后就发生了震惊天下的"甘露之变"。这场企图消灭宦官势力的变革由于安排不周、执行不力，以失败收场。事后，文宗皇帝被宦官软禁，许多无辜官员被杀，宦官势力一度达到了顶峰。半年里，杜牧听到的、见到的全都是关于政变的残酷真相,他那颗柔软书生的心哪经得起如此血雨腥风的摧残?某些人的青春就是疯狂地奔跑,然后华丽丽地跌倒。本想奋发图强、大有作为,却耳闻目睹如此黑暗的一幕幕,杜牧不禁深受刺激。所幸他当时远离都城长安,在洛阳任职,因此才没有被卷入这场政治浩劫中。

由于职务关系,杜牧的工作相对比较悠闲。现实的无情刺激,使得他一度不问政事,消极避祸。既然现实这么骨感,那就努力活得丰满一些吧!一方土地上的灾难并不影响另一方土地上的狂欢。杜牧开始肆无忌惮地吃喝玩乐,整天不是呼朋引伴、花天酒地,就是游山玩水、吟诗作赋、凭吊怀古,好诗佳句频繁放送。

山行

远上寒山石径斜,白云生处有人家。
停车坐爱枫林晚,霜叶红于二月花。

沿着弯弯曲曲的小路登上山顶,没想到白云深处居然还有人家。停下车来,看尽这漫山遍野如火一般的红叶,心情瞬间好到爆。

金谷园

繁华事散逐香尘,流水无情草自春。
日暮东风怨啼鸟,落花犹似坠楼人。

繁华往事荡然无存,流水无情,野草却年年迎春来。风声送来了啼鸟的悲鸣。落花纷纷,好似当年那为西晋首富石崇坠楼的美人绿珠姑娘。

一面写诗揭露，一面忙着选美

杜牧的官场路布满崎岖。继洛阳之后，不久他又入宣歙观察使崔郸幕府，被召为宣州团练判官（辅助官）。

赴职途经金陵，眼见的全是达官贵人醉生梦死的生活。京城危机重重，金陵则是一派奢靡。杜牧大发感慨：

泊秦淮

烟笼寒水月笼沙，夜泊秦淮近酒家。

商女不知亡国恨，隔江犹唱后庭花。

别看杜牧爱玩爱闹，骨子里还是忧国忧民、性情耿介那一类人，看到腐败就痛心，看到怪象就忍不住指责。秦淮河醉生梦死的场景刺激了他的神经；就这样堕落无度，亡国只是早晚的事。这样的诗，这样的论调，当政者怎么可能会喜欢？当政者哪怕把国家治理得千疮百孔，也喜欢找笔杆子粉饰太平。杜牧对朝廷内的朋党倾轧、宦官专权的现象痛心疾首。后来，他在经过华清宫时，想起之前皇帝的骄奢淫逸，不禁感慨万千。

过华清宫绝句三首

其一：长安回望绣成堆，山顶千门次第开。一骑红尘妃子笑，无人知是荔枝来。

其二：新丰绿树起黄埃，数骑渔阳探使回。霓裳一曲千峰上，舞破中原始下来。

其三：万国笙歌醉太平，倚天楼殿月分明。云中乱拍禄山舞，风过重峦下笑声。

这些诗写得也是够大胆，可谓是对腐败的最无情揭露，对当政者的当头棒喝。

在宣州，杜牧的公务也不多，干的是钱多事少离家远的闲差。游览其属县南陵时，他写下一首《南陵道中》：

南陵水面漫悠悠，风紧云轻欲变秋。
正是客心孤迥处，谁家红袖凭江楼？

南陵江水悠悠地流淌，秋天即将来到身旁。客居他乡，心情孤寂，这是哪家的女子独倚在临江的楼窗前？

闲来无事，杜牧的本性又藏不住了。他跑到附近州县，采风写诗，喝酒撸串。在和州，杜牧写下了《题乌江亭》：

胜败兵家事不期，包羞忍耻是男儿。
江东子弟多才俊，卷土重来未可知。

他还跑到湖州，搞了一件博人眼球的大动作。湖州刺史崔大人向来仰慕杜牧的才情，也知道他风流成性，听说小杜到访，便召集了湖州城的所有歌妓，组成了一个庞大的歌舞团，陪他消遣。杜牧心花怒放之际，突发奇想：何不趁此来个优中选优，为自己谋一桩好姻缘？念头一出，杜牧有些心虚，瞬间又自我安慰：沉沦不是我的错，谁让这世界这么烂，再不自己搞点事，难道等着闭眼的一刻去后悔吗？

湖州刺史有求必应，遵照他的意思，公开举办了一次才艺大赛。杜牧

可是有阅历的人，一般资质的女子根本入不了他的法眼。看着那些庸脂俗粉在面前又唱又跳晃来晃去，他有些失落。正暗自落寞之际，忽然柳暗花明又一村。一个老太太领着个十多岁的小女孩从眼前路过。杜牧的眼球瞬间被点亮，一下子就被那清丽脱俗的小女孩吸引住了。他把二人请上船，聊得开心之际，将自己的意思说了一遍。老太太起初有些踌躇，但一看他官人打扮，气质不俗，觉得此事应该靠谱。于是，双方约定以十年为限，等小女孩长大了，双方就奉约成婚。老太太收下了杜牧的礼物，乐得眉开眼笑，盟约在手，静等好事。

在党派中间艰难游走

分别后，杜牧就添了心思，开始对湖州念念不忘。不久，他到长安任左补阙（谏官）、史馆修撰（负责修史或做帝王实录），后升为膳部员外郎。三年后，杜牧被宰相李德裕外放为黄、池、睦三州刺史。对于这次外放，史料并没有记载具体原因，反正逃不开两派党争。牛僧孺、李德裕在朝中各领派系，他们之间的明争暗斗几乎左右着朝廷的前途，很多人都在这两大势力的争斗中成了牺牲品。大诗人李商隐就是一位，杜牧也不幸被卷入。牛僧孺十分赏识杜牧，李德裕也看重杜牧。在牛李之争中，因杜牧曾在牛府做过幕僚，他在许多方面便倒向牛僧孺。但李德裕也曾提拔过杜牧，当过他的伯乐。杜牧也不能太明显地反对李德裕。迫于形势，他只好察言观色，一会儿亲牛派，一会儿亲李派。这种忽左忽右、忽冷忽热的日子简直能让一个正直的人人格分裂。好人主义、左右逢源的做派，让两方都不满意，皆认为他没有原则、虚伪。史载，牛党得势后，"凡（李德裕）所薄者，必不次拔擢之"，而唯有杜牧"远弃，其道益艰"，被外调到更远的桐庐。

可见杜牧其实哪一派也算不上。这就导致谁也不待见他，两方都不把他纳为嫡系。杜牧的遭遇和李商隐有点类似：夹在中间左右为难。虽苦闷，但杜牧在主政三地政务时非常尽心。他兴利除弊，颁布新规，很有政绩，也留下了多篇经典诗篇，大多是关于他的游历所见。

题木兰庙

弯弓征战作男儿，梦里曾经与画眉。
几度思归还把酒，拂云堆上祝明妃。

题桃花夫人庙

细腰宫里露桃新，脉脉无言几度春。
至竟息亡缘底事？可怜金谷坠楼人。

《赤壁》是杜牧做黄州刺史游赤壁山时所作。这是一首咏史诗：

折戟沉沙铁未销，自将磨洗认前朝。
东风不与周郎便，铜雀春深锁二乔。

杜牧是个军事通，对战争常常有独到见解，他通过"折戟"联想到当时那场战争，认为孙权战胜曹操是由于东风之便，否则周瑜不一定成功。这首诗文笔峻朗，气宇轩昂，很能体现杜诗绝句的特色。

杜牧一向疾恶如仇，管你是谁，只要冒犯了他的三观，那他是一定要发声的。在池州时，他写下一篇《登池州九峰楼寄张祜》：

百感中来不自由，角声孤起夕阳楼。
碧山终日思无尽，芳草何年恨即休。
睫在眼前长不见，道非身外更何求。

谁人得似张公子，千首诗轻万户侯。

当时，白居易为杭州刺史，张祜和徐凝同应贡举，并列齐名。白居易出题《长剑倚天外赋》《余霞散成绮诗》，命二人决赛。结果，显然文词不如张祜的徐凝却得了第一，张祜位列第二。张深以为耻，便放弃乡试走了。杜牧得知后很替朋友不平。后来，张祜从丹阳寓地来看望时为池州刺史的杜牧。两人遍游境内名胜，玩得很愉快。分别后，杜牧写下了这首诗，表达了对张祜怀才不遇的同情以及对白居易倾向性处理的不满。全诗格调苍凉，感情沉痛，堪为抒情名篇。

写诗劝谏，也自娱

杜牧生活在晚唐时期，当时佛教非常兴盛。普通百姓成天谋衣苦、谋食苦，恨不得把疲于奔命的时间掰成两半，没精力也没闲心天天去烧香拜佛。佛教都是达官贵族追捧的潮流。忧国忧民忧天下的人总是比常人多一份心思，杜牧担心皇帝醉心佛教，步了南朝后尘。自己也知道不受朝廷欢迎，但总得做点儿什么啊！就借《江南春》这首诗，委婉地对统治者进行一下劝谏吧：

千里莺啼绿映红，水村山郭酒旗风。
南朝四百八十寺，多少楼台烟雨中。

其实，杜牧很保守，他所说的"四百八十寺"只是为了照顾诗句韵脚而取的一个虚数。根据清朝刘世珩所作《南朝寺考·序》："梁世合寺二千八百四十六,而都下(南京)乃有七百余寺。"如果把南北两朝加起来,全国的寺庙有数千座,僧尼达数万人。在那个经济落后、人口稀少的时代,这个数字着实有点吓人。如此多的寺庙和僧人,究竟给王朝带来了什么呢?也不怪杜牧操心,因为帝王崇佛恋佛,南朝曾先后发生了皇位更迭、内部叛乱、皇帝出家等一系列大事件,每一件都给朝廷和百姓带来了巨大的冲击。

有良知的文人,都改不掉眼看腐败而忧心发声的秉性。杜牧也一样,他经常痛批腐败,指出朝政弊端。所谓生不逢时大概就是如此,经世之才,偏偏生在宦官专政、党争激烈的朝代,纵使才高八斗,也注定仕途艰难曲折,难遇明主。或许只有借助片纸只言讽古喻今,才是自己能够左右和把握的事。

杜牧郁闷,但不一味沉寂、一蹶不振。他天性就是爱喝爱玩的主儿,是个善于从生活中找乐的人。如果仅仅是生活的一方面出了问题,就把生活搞得一团糟,那不是杜牧的作风,所以尽管仕途不得意,但他吃喝玩乐一样也不少。只是午夜梦回,仕途不顺的苦闷还是会时时跳出来,让他的心冷不丁地抽一下,揪心得疼。

正值清明时分,清冷的大街冷风阵阵,细雨飘洒,点点滴滴都在心上。路上行人脚步匆匆,穿得再体面也掩不住失魂落魄。问一声何处买酒浇愁,牧童不解他人忧,含笑遥指杏花村。《清明》是一首脍炙人口的好诗,尤其结尾处更是耐人寻味。

清明时节雨纷纷,路上行人欲断魂。
借问酒家何处有?牧童遥指杏花村。

喝酒能喝出诗,闲逛能逛出诗,尤其在被人诬陷而遭贬的境遇下闲逛,那是一定要用写诗来壮行的。内心百无聊赖,信步登上西安大雁塔附

近的乐游原，曾经繁华的园林如今已衰败不堪，怎不叫人惆怅。

登乐游原

长空澹澹孤鸟没，万古销沉向此中。
看取汉家何事业，五陵无树起秋风。

永恒宇宙对有限人事的销蚀，使诗人深感无力：人世盛衰、兴亡迭代，一切都终将在无限的宇宙中归于寂灭。

湖州圆梦梦未圆

公元 848 年，杜牧的好朋友周墀出任宰相，杜牧可算是等到了机会：这些年，日里梦里都是湖州，可是总也没机会去，这下机会来了。他一连写了三封信请求出任湖州刺史。在周墀的周旋下，杜牧终于获得了湖州刺史的职位。他很兴奋，写下两首诗。第一首诗是《将赴吴兴登乐游原一绝》，诗中写道："清时有味是无能，闲爱孤云静爱僧。欲把一麾江海去，乐游原上望昭陵。"意为：清闲的日子腻歪透了，再也不想这样无所事事地虚度年华了。即将赶赴湖州，希望有所作为。我愿手持旌麾去吴兴上任，乐游原上再望风雨昭陵（昭陵为太宗陵墓，借机隐喻盛世）。第二首诗是《将赴湖州留题亭菊》："陶菊手自种，楚兰心有期。遥知渡江日，正是撷芳时。"意为：当初在湖州种下了菊、兰，等到了湖州时，正好能赶上它们开放。愿自己种的花儿能寂然开放，不被世俗污染。诗有自勉意味，希望自己能始终保持高洁本性。杜牧此去湖州，除了希望事业有新的起色外，还有一桩心事，那就是重温旧梦，续上多年前的那桩好姻缘，到了湖州，杜牧立即派人去寻找十多年前那个女孩。几天后，手下将人寻来。设想了无数见面场景的杜牧一看：天呐，莫非穿越了？时过境迁，物是人非，只见一个身材略微发福的女子，身后跟着三个抹着鼻涕泡的孩子，孩子身后跟着一个面容苍老的妇人。老妇人倒是好眼力，她一眼认出杜牧后，只说了四个字：十四年了……杜牧顿觉怅然若失，仿佛南柯一梦！相约十年，失约四年，谁的青春经得起岁月这把杀猪刀？女孩一家没把他当成骗子就不错了。成为别人的新娘，生了一堆孩子，这一切，杜牧都应该料到啊！事到如今，扮演大度吧！杜牧赐了母女很多礼物。挥手容易，可心里的失落挥不去啊！

怅诗

自是寻春去校迟，不须惆怅怨芳时。

狂风落尽深红色，绿叶成阴子满枝。

借晚春鲜花已落、子满枝头的场景，表达了错失良缘的懊恼。唉，可惜可惜！喝酒不解忧，暴走不散愁，心上眉间来回痛：

叹花

自恨寻芳到已迟，往年曾见未开时。

如今风摆花狼藉，绿叶成阴子满枝。

因为是亲历，因为心被伤，这首读起来更加生动，似乎能听见重重的叹息。

满身才华，只能做官场变色龙

一年后，杜牧领诏回京，担任考功郎中（考察官员功过的官职）、知制诰（起草诏令的官职）；次年，迁中书舍人（起草诏令的官职，官阶更高）。这次回长安，杜牧为自己做了一件大事：他找人重新整修了祖上的樊川别墅。闲暇时，他与诗朋文友在此饮酒作乐、写诗唱和。

玩了一段时间后，杜牧得了一场重病，他预感到大限将至，干脆谢绝一切社会活动，把自己关在书房中，自撰墓志铭。写完后，他又整理毕生所作诗文，满意的留下，不满意的付之一炬，仅留下十之二三。公元852年冬天，杜牧病逝长安，终年49岁。

杜牧生活的时代，王室的状态是外强中干，似欲中兴，实则无望。面对内忧外患，杜牧忧心如焚，渴望力挽狂澜，济世安民。在《郡斋独酌》里，这种心情表现得很明显："岂为妻子计，未去山林藏。平生五色线，愿补舜衣裳。弦歌教燕赵，兰芷浴河湟。腥膻一扫洒，凶狠皆披攘。生人但眠食，寿域富农桑。"杜牧与其他诗人不同的是，他不仅仅是那种光有诗才的感性的单纯诗人，他理性严谨，懂军事，有见解，很有政治才华，曾写过许多策论咨文：《原十六卫》《罪言》《战论》《守论》《注孙子》。政治上，他主张削平藩镇，收复边疆。其"关西贱男子，誓肉房杯羹"的气概，与岳飞的《满江红》有一拼。他在《上李中丞书》中主张，读书应留心"治乱兴亡之迹，财赋甲兵之事；地形之险易远近，古人之长短得失"。他强调，知兵与否关系着国家的兴亡。

注孙子序

主兵者，圣贤材能多闻博识之士，则必树立其国也；壮健击刺不学之徒，则必败亡其国也。然后信知为国家者，兵最为大，非贤卿大夫不可堪任其事，苟有败灭，真卿大夫之辱，信不虚也。

这些见解和看法一针见血，切中时弊，可是这么中肯却没有人采纳。长期一腔热血却无人回应的那份郁闷，让诗人无以宣泄，只能通过放旷不羁来排遣。这些作品雄姿英发，寓意醒世，笔锋犀利，条理清晰。这是由诗人的政治见识和抱负所决定的。

历史上杰出的诗人无数，但文武双全的就太凤毛麟角了。而杜牧就是这不可多得的人中龙凤。他写得一手好诗，而且还懂兵法，为人也比较圆润。相比另外的诗人，他不浪漫、不虚夸、不古板、不倔强，没有太大的棱角，不冲动，也不莽撞，这种人是干实事的人。可惜他面临的政治生态太混乱，长期困扰在牛李党争的夹缝中，进不去，出不来。牛李党争持续了40年，几乎贯穿了杜牧一生。党争结束了，杜牧的生命也走到了尽头。这位满腹才华的诗人报国无门，没有得到大展才华的机会，却退为官场"变色龙"，耗在了窝里斗中。他在睦州时写过《送隐者一绝》："无媒径路草萧萧，自古云林远市朝。公道世间唯白发，贵人头上不曾饶。"这世间，女子无媒没法嫁，士子无伯乐难出头。只有白发最公正，从未饶过谁！深深的怅然、苦涩，只能借宫女的口表达一下。

秋夕

银烛秋光冷画屏，轻罗小扇扑流萤。

天阶夜色凉如水，卧看牵牛织女星。

孤独的宫女在七夕之夜坐在冰冷的台阶上，时而仰望牛郎织女星，时而用小扇扑打着流萤。

举目无亲、百无聊赖，那份无边无际的寂寞，真煎熬啊！

苦难成就朦胧诗

李商隐

晚唐诗人当中，李商隐绝对是绕不过去的一座山。他出生在河南一个小官僚家庭，是汉朝名将李广、凉武王李暠的后代。想着也许父辈的光环能为自己带来一丝好运，李商隐曾公开亮明身份：『公先真帝子，我系本王孙。』可精明的世人只认当代，谁念旧情？不仅充耳不闻，那冷漠而怀疑的眼神差点儿将他淹没。看来不是谁都有刘备的本事，把自己的皇室宗亲身份宣扬得天下皆知，并且从中得到实惠。内向的李商隐并不擅长营销，从此他再也不提先祖，老老实实地埋头做学问。

这一低头，本就喜欢游弋于内心世界的李商隐笔下愈发收不住，形成了其真真假假、朦朦胧胧、亦梦亦幻的独特诗风。虽然他的诗没有像李白、杜甫的那样触及社会的方方面面，但他的粉丝绝对不比李杜二人少。

黑暗中的那抹暖

李商隐4岁时，他的父亲受聘为浙江东、西两道观察使幕僚。他随父亲前往浙江生活。父亲对他的教育很严厉，"五年读经书，七年弄笔砚"。五年后，父亲死了，快乐童年也结束了。

9岁的李商隐和母亲一起，护送着父亲的灵柩回故乡荥阳。这一路的经历，让少年幼小的心灵蓦然早熟。他敏感、细腻、多思，在为父亲守孝三年的日子中，这种性格上的孤独感愈发严重。好在堂叔对李商隐寄予厚望，这位叔父曾上过太学，在经学、小学、古文、书法方面均有很高的造诣，他对李商隐非常器重，悉心教授他古文、书法，并时常给予他生活上的接济。受这位叔父的影响，李商隐"能为古文，不喜偶对"。

三年后，李商隐和母亲、姐姐来到了洛阳。许是得了叔父的真传，李商隐最初为人所熟知是因为字写得好，后来名气渐大则是因为文章写得好。在困境中，多一样才艺就多一分希望。李商隐靠替人抄书写字换点儿零用钱，母亲和姐姐则给人舂谷卖米，这一家人相扶相靠，不辞辛苦，不吝汗水，虽然日子过得捉襟见肘，但总算能够维持下来。家庭环境会严重影响人的性格，尤其是在性格还未定型之时。前途渺茫、生计艰难的苦楚，使李商隐变得犹豫、敏感、清高。越来越沉默的他变得更加努力，他把所有的业余时间都拿来读书。终于，16岁时，他就写出了《才论》和《圣论》这两部过硬的作品，得到了时人很高的评价。

任何时候，即使关系背景当道，真才实学也还是能够占据市场份额的，只不过占比有大有小而已。李商隐的文章很快惊动了洛阳文坛。文友

们竞相传阅，纷纷点赞，给了这个二八少年数不尽的掌声。这掌声很快就传进了户部尚书令狐楚的耳朵，此人可是晚唐时期政治和文坛的大腕，能得到他的垂青，也算是被好运撞着腰了。令狐楚惊诧于寒门出贵子，惜才之心油然而生，欣然收李商隐为弟子。令狐楚是骈体文方面的翘楚，他把自己的知识毫无保留地传授给李商隐，并让儿子令狐绹跟他交往，多多帮助他。得知李商隐家境困难，又爱屋及乌，不间断地送去许多经济上的帮助。这让少年那愁肠百结的心多少有了些许亮色。李商隐如果是个中规中矩之人，好好珍惜这个来之不易的贵人，珍惜令狐楚带给他的一切机会，按照他铺好的路子一步步走下去，肯定会谋得一个不错的未来，起码可以少奋斗很多年。偏偏李商隐不走寻常路，他看不清形势，又不喜欢被安排，总想自己披荆斩棘，踏上阳关大道。事实证明，在不具备开疆拓土的本事时，还是珍惜眼前的机会保险一些。

公元 829 年，令狐楚升任太平军节度使，正式聘李商隐为幕僚。《旧唐书·李商隐传》记载："楚以其少俊，深礼之，令与诸子游。"公务之余，令狐楚还亲自教他写公务文章。《李商隐诗传》记载："李商隐原习古文，不善今文，令狐楚则亲授其写今文的要领，李商隐俨然以师事之。"李商隐对令狐楚感恩不已，在《谢书》中，他表达了这种感激之情，也抒发了本人的踌躇满志："微意何曾有一毫，空携笔砚奉龙韬。自蒙夜半传衣后，不羡王祥得佩刀。"

就在李商隐文章越写越好，生活渐有起色时，对他有父子情谊的叔父猝然病逝。李商隐悲痛万分，发誓一定要实现叔父的遗愿，走科举之路。令狐楚很赞赏李商隐的志向，出钱出物资助他进京赶考。《旧唐书·李商隐传》说："岁给资装，令随计上都。"让他带着足够的盘缠，穿着体面的衣衫地去考试。谁知命运弄人，李商隐连考四次都名落孙山。在朝廷为官的令狐绹急了，出面去找李商隐的主考官高锴。这一通融，事情果然进展顺利。

公元 837 年，24 岁的李商隐终于在四次落第后进士及第。之后便是同学间无休无止的宴请、交游……李商隐在长安逗留了很长时间。这期间，令狐楚生病了，写信催他尽快回去。李商隐忙于应酬，始终抽不开身，直至恩人病重才匆匆赶来。这让令狐绹非常不满，自己一家对他恩重如山，可这个李商隐无情无义到父亲病重都不急着回来，对他的看法大打折扣。这件事情的处理不当，埋下了李商隐的仕途隐患，也是他后半生悲剧的开始。

令狐楚终究没能逃得了疾病的折磨，去世了。李商隐的仕途还没有正式开始，就失去了一个大靠山。多年以后，回想这段忘年之交，李商隐脑海里仍是旧满满的美好回忆："每水槛花朝，菊亭雪夜，篇什率征于继和，杯觞曲赐其尽欢，委曲款言，绸缪顾遏。"

无题诗缘于无法言说的初恋

在李商隐科考及第之前，也就是公元 835 年，22 岁的李商隐曾上玉阳山东峰的灵都观里学道。当时，朝廷的玉真公主也在这座山的西峰清都观里修道。她带了很多宫女出来，其中有一个叫宋华阳的年轻女子，在闲暇散步时偶然与李商隐相遇。两人一见钟情，互相吸引。一番交谈，李商隐发现女孩儿聪慧机灵、温柔多情，共同的志趣和追求让两人越走越近，一来二去发展成为了恋人。但这种生发于道观的感情有悖道规，是见不得光的。李商隐只能偷偷地以诗记情，并一律隐去题目，以《无题》代替：

相见时难别亦难，东风无力百花残。
春蚕到死丝方尽，蜡炬成灰泪始干。

晓镜但愁云鬓改，夜吟应觉月光寒。

蓬山此去无多路，青鸟殷勤为探看。

见面难得，分别难舍，又值东风将收的暮春，百花残谢，更使人伤感。春蚕到死丝才吐完，蜡烛成灰蜡油才能滴干。女子清晨梳妆担心鬓发变白，男子晚上长吟感到冷月侵人。她就住在不远处的蓬莱山，却无路可通。希望有青鸟一样的使者殷勤地替我去看望心上人。

相恋的心无时无刻不在思念，他又写下了《赠华阳宋真人兼寄清都刘先生》："沧谪千年别帝宸，至今犹谢蕊珠人。但惊茅许同仙籍，不道刘卢是世亲。玉检赐书迷凤篆，金华归驾冷龙鳞。不因杖屦逢周史，徐甲何曾有此身。"尽管两人千方百计地藏着掖着，小心翼翼地保守着秘密，但这段恋情还是被发现了。那些道貌岸然的老夫子岂能容忍这样离经叛道的事在眼皮底下肆意发生？李商隐被驱逐下山，怀孕的宋华阳被遣返回宫。一对热恋中的情侣被生生拆散，这在诗人的心中留下了刻骨的伤痛。

重过圣女祠

白石岩扉碧藓滋，上清沦谪得归迟。

一春梦雨常飘瓦，尽日灵风不满旗。

萼绿华来无定所，杜兰香去未移时。

玉郎会此通仙籍，忆向天阶问紫芝。

李商隐执着的爱恋和绵长的相思虽然成为旧梦，但那段真诚的恋情在他的心里留下了永远的伤痕。直到晚年，他还对这段初恋念念不忘，千方百计地设法与身居长安的宋华阳相见。

李商隐
苦难成就朦胧诗

党争中陷入尴尬境地

恋情夭折，仕途遇阻。事业的大门还未完全打开，恩人却驾鹤西去。好在才华这块敲门砖总是能砸开某些人的伯乐情怀。泾原节度使王茂元很欣赏这个沉默有才的年轻人。李商隐从小失父，亲情的缺失使他内心强烈地渴望能有一个坚实的肩膀让自己依靠。令狐楚死了，难得有人欣赏自己，他没有任何考虑，毫不犹豫地做了王府幕僚。《旧唐书·李商隐传》记载："王茂元镇河阳，辟为掌书记，得侍御史。茂元爱其才，以子妻之。"王茂元对李商隐很不错，招入府中不说，还把女儿嫁给了他。李商隐得了工作，又抱得美人归，似乎是又遇见了贵人。入驻王府，表面看起来是一个相当好的机遇，实则是一个隐藏着危机的大坑。在享受甜蜜的时候，谁又能看透背后藏着的阴影呢？如果李商隐稍具一点政治敏感力，能对自己的前途有个大致的认识，提前在人际关系方面做一下功课，也许他的人生不会以悲剧收场。

所有的根源都在于他投靠的王茂元。王茂元最初入朝时只是一个校书郎，后来凭着能力升任河阳军节度使。那时，朝廷内部分为两派，以牛僧孺为首的称"牛党"，以李德裕为首的称"李党"。双方就政治观点、各自利益经常互相排斥，激烈争斗。令狐楚的儿子令狐绹属于牛党，王茂元属于李党。李党的头目李德裕当上了宰相，因为有王茂元这层关系，李商隐本提拔有望，前途光明，但这时他的母亲突然死了，他必须回家守孝三年。回来后，岳父王茂元病重，不久也死了。就在李商隐处理完这一系列家事，平复情绪、调整身心，准备重新开始时，支持李党的唐武宗也忽然去世了。继位的唐宣宗是位"亲牛派"，他一上任就将朝廷中的李党全部

181

赶走，提拔牛党的令狐绹当了宰相。

　　这下，李商隐的身份尴尬了：他是李党成员王茂元的女婿，而牛党人士令狐绹又是他的恩人之子。如果能够分身有术就好了，一半归李党，一半归牛党。李商隐是一个老实本分又内向的人，根本就不会玩弄权术，一会儿李党得势，一会儿牛党得势，他无所适从，也不知道到底应该倾向哪一方，处处不讨好，里外不是人，弄得两边都不待见他。

　　他一直是以文人情怀处事，根本不懂也不会用官场站队那一套来安排自己的前途。他哪个党也不是，李党得势时他没巴结，牛党失势时他也没落井下石。而当两党的地位来了个大逆转，他依然是用自己的本心去对待。也怪他把事情看得太简单。李商隐在恩师病重时没有及时去看望，恩师死后他转而又投靠恩师的对手李党派中的王茂元。就这一件事，不仅令狐绹不满，也让他赚足了时人的恶评差评，于忠于义都落下了口实。毕竟，令狐楚与他非亲非故，对他给予了亲人般的资助，对他个人又有着再造之恩、提携之情。不管在文学、生活还是工作上，令狐楚都是把他当儿子对待。不管李商隐有什么理由，还是有什么难言之隐，在恩师病重时表现得缺少情义，任谁都会对他的人品及为人处事产生误解。这件事简直影响了他后半生的一切。

当命运被操纵

　　李商隐在后来的博学宏词科考试中，本来已经考中，复审时却被牛党权要大笔一勾，将他的前途勾得无影无踪。他伤心透顶，在《安定城楼》中发出呐喊："迢递高城百尺楼，绿杨枝外尽汀洲。贾生年少虚垂泪，王粲春来更远游。永忆江湖归白发，欲回天地入扁舟。不知腐鼠成滋味，猜意鹓雏竟未休。"

李商隐知道自己的命运操纵在某人物手里，他愤愤不平，满怀委屈。

无题

照梁初有情，出水旧知名。
裙衩芙蓉小，钗茸翡翠轻。
锦长书郑重，眉细恨分明。
莫近弹棋局，中心最不平。

虽气愤，但他并没有气馁，怀着一腔不甘，于公元839年再考。这次，他终于通过了吏部拔萃科考试，被授予秘书省校书郎。在一次宴席上，李商隐写下了这首《无题》诗：

昨夜星辰昨夜风，画楼西畔桂堂东。
身无彩凤双飞翼，心有灵犀一点通。
隔座送钩春酒暖，分曹射覆蜡灯红。
嗟余听鼓应官去，走马兰台类转蓬。

秘书省校书郎是一个"方阶九品，微俸五斗"的小官。官虽小，但即使这样牛党的人也始终不肯放过他，时时刻刻等着找碴儿。正当李商隐满怀希望地想做出一番成绩时，掌权者再次拿他对待令狐楚那件事说事儿，以他背叛师门不忠不义为名，将他踢出中枢，调到地方任县尉（相当于公安局长）。

经历了这么多，李商隐应该低调行事，保持沉默，埋头学问，不去做时人认为的出格的事。可是他没有。在任县尉期间，李商隐出于心中正义感，极力替一个无辜的"死囚"说情，结果又让上司找到了把柄：本来就

是"黑名单"上的人，还不安分守己。很快，李商隐感觉到了周围的不友好，只好告假离开。时间长了，不上班终究不是长久之计，李商隐只好厚着脸皮三番五次地给令狐绹写信，求他帮着打个圆场或者再谋一个差事。令狐绹刚开始不搭理他，后来拗不过，给他安排了个闲职——太学博士。李商隐是个想干实事的人，闲职令他痛苦。他再次头也不回地离开了。

为了养家糊口，他到处给地方官员做幕僚，辗转于桂林、徐州、四川等地。这期间，相依相伴的妻子不幸去世，给了38岁的李商隐沉重一击。李商隐深爱妻子，对她屈身与己过苦日子始终心怀感激。两人朝采晨露，晚看夕阳，清苦中自有甜蜜。他渴望与爱妻相持相扶，携手白头。谁知她竟先他而去。想起在雨夜，他收到了远方妻子的来信，便回了这首《夜雨寄北》。诗中两处提到"巴山夜雨"，写出了苦乐变化、悲喜转换的情境："君问归期未有期，巴山夜雨涨秋池。何当共剪西窗烛，却话巴山夜雨时。"可如今再也无人互动，再也无人应答，满腹的相思说与谁听？

正是因为投靠了王茂元，娶了王茂元的女儿，李商隐才成了两党相斥的牺牲品。但他从不后悔，妻子给了他很多温暖，他的笔也尽情为妻子而歌，很多爱情诗的灵感都来源于他的婚姻生活。

低情商的殇，伤人伤己

在漂泊的日子里，李商隐想起了前尘往事，想起了恩师，想起了妻子，想起大半生一事无成，今后大概也不会有什么出息了。在《乐游原》中，这种时而踌躇满志、时而心灰意冷的情绪真情流露：

向晚意不适，驱车登古原。

夕阳无限好，只是近黄昏。

尽管有抱负，但无法施展。余晖映照，晚霞满天，山凝胭脂，气象万千，如此妖娆的景致，正是因为接近黄昏的缘故啊。生命到了成熟季才能干一番事业，可是人生过半，暮年黄昏，没有机会了。他又借嫦娥表达自己的孤独。

嫦娥

云母屏风烛影深，长河渐落晓星沉。
嫦娥应悔偷灵药，碧海青天夜夜心。

李商隐并非缺乏政治才能，他在《咏史二首》其二中，对朝代兴衰看得很透彻："历览前贤国与家，成由勤俭破由奢。何须琥珀方为枕，岂得真珠始是车。远去不逢青海马，力穷难拔蜀山蛇。几人曾预南薰曲，终古苍梧哭翠华。"纵览历史，成功皆源于勤俭，衰败起于奢华。在政治主张上，他是清醒的。但在具体的政治生活和人情世故上，他又是糊涂的。如果说他的才华可以打一百分，那他的情商怕有些不及格。

其实，李商隐很懂感恩，人也很正直。他心里一直充满着对令狐父子的感激之情。在《别令狐拾遗书》里，他说："自昔非有故旧援拔，卒然于稠人中相望，见其表，得所以类君子者，一日相从，百年见肺肝。"又表示："百生终莫报，九死谅难追。"而在《谢书》里，他这样表达自己的心意："微意何曾有一毫，空携笔砚奉龙韬。自蒙半夜传衣后，不羡王祥得佩刀。"意思是：我对您未曾有过一丝一毫不敬。当时，我拿着笔砚接受您的虎略龙韬。自从蒙恩您的传法，我都不羡慕晋代的王祥得到徐州刺史吕虔赠送他的那把能够象征富贵的佩刀了！

可能是优柔寡断，也可能欠考虑，总之李商隐总是在错误的时间、错

误的地点做下错误的事。如果他早点去看望病中的令狐楚；如果他不投奔王茂元；如果他投了就不再去找令狐绹；如果他找了之后听从令狐绹的安排……李商隐的性格本就敏感多情、内向寡言，在经历了诸多的曲折失意后，他变得更加沉默。他把所有的伤感都写进了诗里，形成了欲说还休、恍恍惚惚、模棱两可的诗风。那些没有明确指向性、神秘莫测的诗句，正是他矛盾性格的写照。他的心声无法明说，也说不清楚。他只能把一腔悲愤以模糊的状态全都倾倒在诗里。

那些说他忘恩负义的人完全是牵强附会。世间有一个怪现象：如果有权有势的人攻击一个人，那跟着起哄的人就更多，毕竟大多数人都喜欢跟在权力者的屁股后面随大流。这种强加在某人身上的标签终其一生都不会去掉。没人有兴趣去试着了解李商隐的心迹，也没有人听他解释。无情无义这口黑锅扣向他就再也没有揭开过。究其一生，他都在低情商的殇里艰难独行。

朦胧诗体原是性格使然

李商隐的悲剧命运离不开他的性格，而他的性格与他的原生家庭脱不了干系。幼年失父，少年持家。一个姐姐未婚早逝，另一个姐姐离婚后抑郁而亡。这样悲苦的家世，在李商隐的性格中埋下的是内向寡言、多愁善感的种子，奠定了他的诗歌基调。

初食笋呈座中

嫩箨香苞初出林，於陵论价重如金。
皇都陆海应无数，忍剪凌云一寸心。

这是李商隐少年之作。在明朗的格调中，又流露出对当局不重视人才、自己才高不遇的不满。同样的竹，在於陵价值千金，在长安却一文不值。其性格深处的悲观、敏感早已根深蒂固，深深地影响着他的思维和看待事物的方式。他自伤自怜："芳心向春尽，所得是沾衣。"纤细善感、孤弱多愁的形象跃然眼前。他对于个人命运、时代变迁，一直保持着敏感、无奈的情绪。《赠白道者》："壶中若是有天地，又向壶中伤别离。"《宫辞》："莫向尊前奏花落，凉风只在殿西头。"《夕阳楼》："欲问孤鸿向何处，不知身世自悠悠。"

李商隐的性格中始终藏着小心翼翼，他不愿失去任何机会。性格上的摇摆不定使他在混浊乱世中无所适从，经常做出不可理喻的举动。其实，他本意不过是谋个官、找个工作，可他大概是被复杂的现实蒙蔽了双眼，总是看不清事、找不对人。在激烈的党争中，无论怎么选择都是错。诗人内心郁闷不堪，悲观让他的诗饱含悲凉。

无题

紫府仙人号宝灯，云浆未饮结成冰。
如何雪月交光夜，更在瑶台十二层。

对于李商隐来说，远方全是失望和苟且，生活只剩下了眼下的诗。也许这就是命运，赐他生花妙笔，又抛来无数悲凉。这是让他用笔串起悲凉，缔造一个凄美世界，然后活在无关痛痒的赞美里。

正是李商隐那郁郁寡欢的性格，造就了他的朦胧诗体。矛盾徘徊，惆怅百转，不明朗，不透彻。就像世事，福祸相依，悲欢同行。这种朦胧诗体大都体现在他的爱情诗和无题诗当中。那遮遮掩掩、欲说还休的风格，让他在《唐诗三百首》中有了被收录22首诗的骄人成绩。

在李商隐生命的最后，被任命为西川节度使的柳仲郢向他发出邀请，

希望他随自己到四川任参军一职。李商隐在四川生活了四年，由于实在太思念故妻，悲苦的他在佛教中打发时光，他捐钱刊印佛经，一度想出家为僧。柳仲郢被调回京城任职时，给李商隐安排了一个盐铁推官的职位，待遇很丰厚。三年后，柳仲郢又调任兵部尚书，这下李商隐彻底失去了靠山，失去了工作。

公元858年冬，李商隐在家乡病故。

《锦瑟》是他留给世间的最后绝唱：

> 锦瑟无端五十弦，一弦一柱思华年。
> 庄生晓梦迷蝴蝶，望帝春心托杜鹃。
> 沧海月明珠有泪，蓝田日暖玉生烟。
> 此情可待成追忆，只是当时已惘然。

有人说这是写给一个叫"锦瑟"的侍女；有人说是写给故去的妻子王氏；也有人认为诗在描写音乐；还有人说它影射着纷乱迷离的政治。千百年来，人们一直对《锦瑟》争论不休。其华美的意境和朗朗上口的句子，让爱者恒爱，然而没有人知道它要表达的真相。似雾非雾，像花非花；是是非非，真真假假。不知他到底在想什么？他那短暂凄苦的一生，冷漠大过热情，矛盾多过和谐，快乐少于苦痛，坦然少于忐忑，就像他的朦胧诗一样，像雾像雨又像风。欲说还休之际，生命的指针骤然停顿。

世上的坎千万道，最难过的是心这道坎！人千方百计要突破的，不是别的，只有自己的心。